tegucigalpa

(O artista morre no fim)

Editora Appris Ltda.
1.ª Edição - Copyright© 2023 do autor
Direitos de Edição Reservados à Editora Appris Ltda.

Nenhuma parte desta obra poderá ser utilizada indevidamente, sem estar de acordo com a Lei nº 9.610/98. Se incorreções forem encontradas, serão de exclusiva responsabilidade de seus organizadores. Foi realizado o Depósito Legal na Fundação Biblioteca Nacional, de acordo com as Leis nos 10.994, de 14/12/2004, e 12.192, de 14/01/2010.

Catalogação na Fonte
Elaborado por: Josefina A. S. Guedes
Bibliotecária CRB 9/870

V149t 2023	Vale, Luis Antonio do
	  Tegucigalpa (o artista morre no fim) / Luis Antonio do Vale. –
	1. ed. – Curitiba : Appris, 2023.
	  207 p. ; 23 cm.
	
	  ISBN 978-65-250-4534-4
	
	  1. Memória autobiográfica. 2. Viagens 3. Relações humanas.
	I. Título.
	
	                                            CDD – 808.06692

Appris
editora

Editora e Livraria Appris Ltda.
Av. Manoel Ribas, 2265 – Mercês
Curitiba/PR – CEP: 80810-002
Tel. (41) 3156 - 4731
www.editoraappris.com.br

Printed in Brazil
Impresso no Brasil

Luis Antonio do Vale

tegucigalpa
(O artista morre no fim)

Appris editora

FICHA TÉCNICA

EDITORIAL	Augusto Vidal de Andrade Coelho
	Sara C. de Andrade Coelho
COMITÊ EDITORIAL	Marli Caetano
	Andréa Barbosa Gouveia (UFPR)
	Jacques de Lima Ferreira (UP)
	Marilda Aparecida Behrens (PUCPR)
	Ana El Achkar (UNIVERSO/RJ)
	Conrado Moreira Mendes (PUC-MG)
	Eliete Correia dos Santos (UEPB)
	Fabiano Santos (UERJ/IESP)
	Francinete Fernandes de Sousa (UEPB)
	Francisco Carlos Duarte (PUCPR)
	Francisco de Assis (Fiam-Faam, SP, Brasil)
	Juliana Reichert Assunção Tonelli (UEL)
	Maria Aparecida Barbosa (USP)
	Maria Helena Zamora (PUC-Rio)
	Maria Margarida de Andrade (Umack)
	Roque Ismael da Costa Güllich (UFFS)
	Toni Reis (UFPR)
	Valdomiro de Oliveira (UFPR)
	Valério Brusamolin (IFPR)
SUPERVISOR DA PRODUÇÃO	Renata Cristina Lopes Miccelli
ASSESSORIA EDITORIAL	Priscila Oliveira da Luz
REVISÃO	Maria Clarissa Rocha Vale
	Luis Antonio Evangelista do Vale
	Bruna Martins
PRODUÇÃO EDITORIAL	William Rodrigues
DIAGRAMAÇÃO	Renata C. L. Miccelli
CAPA	Sheila Alves
REVISÃO DE PROVA	William Rodrigues

AGRADECIMENTOS

Agradeço aos dias pelo tempo que levaram a passar; aos lugares onde andei, passei, conheci, morei, trabalhei e vi, pelo abrigo que me deram, e agradeço às pessoas que estiveram, caminharam, compartilharam, sofreram, divertiram, viveram e que ainda permanecem comigo nessa jornada que faço por serem as pessoas que me fizeram viver os meus dias, chegar nos meus lugares e por ser a vida que conheço.

Agradeço aos que foram, aos que passaram, aos que permanecem e aos que, com certeza, ainda virão. Que sejam permanentes como devem ser as boas memórias, as que gostamos tanto de preservar e retornar a elas.

Ó voz zelosa, que dobrada .... brada,

Já sei que a flor da formosura .... usura,

Será no fim dessa jornada .... nada.

(Gregório de Matos)

PREFÁCIO

Um Exílio, Uma Procura

Tegucigalpa é uma obra que reúne alguns gêneros textuais. É uma autobiografia detalhada em um diário de bordo e poemas. São alguns gêneros textuais, portanto, que se conectam, para a formação da obra. O gênero poema aparece com menos incidência, contudo com especial importância para a atmosfera da obra.

E por que a obra leva esse nome tão distante do nosso português de cada dia? É que, assim como nós leitores, o eu biográfico estranhou a palavra — Tegucigalpa — quando, no colegial, estudava as capitais das Américas. Tegucigalpa é a capital de Honduras, um país localizado na América Central. Essa palavra tem origem indígena e significa colina de prata. E essa cidade fez parte do roteiro de viagem descrito na obra, porém o eu biográfico não se identificou com Tegucigalpa. Ele a imaginou como um pedaço do paraíso no planeta. Conhecê-la teria sido uma espécie de desilusão, assim como fora uma desilusão degustar o amor de perto. As primeiras páginas do livro nos mostram um eu desencontrado, próximo de um estado depressivo, devido ao término de um relacionamento amoroso. Portanto, no título, a palavra Tegucigalpa ganha uma outra significação: uma metáfora à incompletude do amor. Há um elo entre o estado do eu pós-término do relacionamento amoroso e a impressão que o autor teve da cidade – desilusão.

O exílio solitário do autor personagem é um instrumento para a procura de si. A intensão da viagem é buscar os mecanismos para reencontrar sua autoconfiança. As imersões no passado, geralmente mostram um eu liberto, satisfeito: assim é quando ele relata a infância, assim é na adolescência. Quando aparecem lembranças de situações perigosas ou de intimidação do eu, o autor personagem engata a marcha do "foda-se". Esse "foda-se", no entanto, é uma posição de controle e de combate. É essa volta às origens que parece também ir reconstruindo no autor personagem o seu autocontrole. Como se tivesse dizendo a si que felicidade é um bem inegociável, e que não pode vir dos outros a senha de se ser feliz. Coisas que bem disse Clarice Lispector no conto "Felicidade Clandestina". É nesse jogo do sofrimento amoroso e da procura do eu feliz que a linguagem poética surge com mais pujança na obra – deixemos o poeta falar:

"... *Viva! Eu salgado na água do Pacífico / E eu que nasci no Leste, Atlântico / E agora em outro hemisfério me recomponho...*"

"... *O aceno do mar aberto na estrada da baía / São das coisas lindas que sempre aprendo a ver...*"

Nessas passagens e em outras tantas na obra, percebe-se como o eu biográfico procura se recompor e aprender a ver o mundo sob uma outra ótica. São nos poemas que o autor personagem mostra o amor da forma mais lúdica. Nas narrativas autobiográficas, o amor aparece com um certo grau de ressentimento, de amargura, como no exemplo a seguir.

"... *agora eram dois pontos que seguiam suas próprias rotas. Caminhos conflitantes, não mais a cumplicidade, não mais os acordos...*"

Por isso a importância dos poemas na obra, principalmente os autorais, eles agem como uma força centrífuga para amenizar as amarguras, e são fundamentais para o entendimento da reconstrução do "eu" machucado pelo abandono.

Em *Tegucigalpa*, a força do gênero diário de bordo conduz uma narrativa em primeira pessoa e um tempo cronológico, no entanto, quando o autor abre espaço para a autobiografa, o tempo passa a ser um tempo psicológico porque, geralmente, a narração se dá via lembranças e impressões do passado. O olhar turístico do autor personagem é enorme. Aborda temas como política, moda, arquitetura, pintura, música, literatura. Importante perceber que, quase sempre, são nas emoções que o olhar turístico gera no autor que ele se transporta para o seu mundo intimista. Então, geralmente, há uma espécie de ímã que liga o turismo às lembranças.

"... É uma cidade perigosa. Estou hospedado próximo a uma biblioteca pública em péssimo estado de conservação. Sempre sonhei em ter a minha própria biblioteca, desde que senti a atração irresistível..."

"... Antes do almoço, dei uma volta na praça principal da cidade..." "... Havia bancas com revistas antigas..." "... Li tudo que caía em minha mão, quadrinhos em gibi, fotonovelas..."

Sim! Tem os diálogos com os nativos. São diálogos, em um bate e volta de perguntas e respostas, que conduzem pequenas histórias dentro da obra. São histórias surpreendentes com personagens gays marcantes. Seria o caso de mais um gênero textual na obra? O conto? A obra se fecha com um desses diálogos. Uma conversa com o ex-namorado causador do infortúnio amoroso. E para saber como o autor personagem reagiu a esse inesperado encontro, proponho ao leitor abrir um bom vinho, acompanhado de um bom queijo, e, com o autor, partir nessa grande viagem.

André Luiz Dantas Bartilotti
Poeta, compositor
Graduado em Letras
Centro Universitário Jorge Amado
Salvador – Bahia

SUMÁRIO

PRIMEIRA PARTE

PREÂMBULO
EM ALGUM TEMPO.. 18

DIA 01: 03/05/16
(O PRIMEIRO DIA) CIDADE DO MÉXICO (DF) 26

DIA 02: 04/05/16
CIDADE DO MÉXICO (DF)... 31

LOCALIZAÇÃO
KING BAR, CALLE AMBERES 18, JUÁREZ, CAUHTÉMOC,
CIUDAD DE MÉXICO 39

DIA 03: 05/05/16
CIDADE DO MÉXICO (DF), CHOLULA E PUEBLA 45

DIA 04: 06/05/16
CIDADE DO MÉXICO (DF), TOLUCA E GUADALAJARA 51

DIA 05: 07/05/16
GUADALAJARA, CHAPALA, JOCOTEPEC..................................... 54

DIA 06: 08/02/16
GUADALAJARA, TEQUILA, CIDADE DO MÉXICO E ACAPULCO 59

DIA 07: 09/05/16
ACAPULCO (E SÓ) 63

DIA 08: 10/05/16
ACAPULCO, CIDADE DO MÉXICO DF, OAXACA........................... 73

DIA 09: 11/05/16
OAXACA... 81

DIA 10: 12/05/16
OAXACA, TULE, MITRA E HIERVE EL AGUA..................................88

LOCALIZAÇÃO
CENTRAL DE AUTOBUSES DE OAXACA — 5 DE MAYO, 1016 -
RUTA INDEPENDENCIA, BARRIO DE JALATLACO - OAXACA.............96

DIA 11: 13/05/2016
SAN CRISTOBAL DE LAS CASAS..100

DIA 12: 14/05/16
SAN CRISTOBAL DE LAS CASAS, OCOSINGO, AGUA AZUL,
MISOL HA, PALENQUE...106

DIA 13: 15/05/16
SAN CRISTOBAL DE LAS CASAS, CAÑION DEL SUMIDERO,
CHIAPA DE CORZO 114

SEGUNDA PARTE

DIA 14: 16/05/16
SAN CRISTOBAL DE LAS CASAS, CAUHTZÉMOC,
PANAJACHEL E SAN PEDRO LA LAGUNA 124

DIA 15: 17/05/16
SAN PEDRO LA LAGUNA 129

DIAS 16 E 17: 18 E 19/05/16
SAN PEDRO LA LAGUNA, PANAJACHEL, ANTÍGUA, COPÁN RUÍNAS....137

DIA 18: 20/05/16
COPÁN, SAN PEDRO SULA E TEGUCIGALPA................................143

DIA 19: 21/05/16
TEGUCIGALPA 149

DIA 20: 22/05/16
TEGUCIGALPA — SAN SALVADOR...154

DIA 21: 23/05/16
SAN SALVADOR, MANAGUA, GRANADA 159

DIA 22: 24/05/16
GRANADA, MANÁGUA E LEÓN 166

DIA 23: 25/05/16
GRANADA 174

LOCALIZAÇÃO
RESTAURANTE EL MARLIN, DE LA IGLESIA LA CATEDRAL
150 MTS. ESTE, CALZADA, GRANADA, NICARAGUA 177

DIA 24: 26/05/16
GRANADA, MANÁGUA, SAN JOSÉ, LA FORTUNA 182

DIA 25: 27/05/16
LA FORTUNA 186

DIA 26: 28/05/16
LA FORTUNA 189

DIA 27: 29/05/16
LA FORTUNA, SAN JOSÉ E CIDADE DE PANAMÁ 192

DIA 28: 30/05/16
CIDADE DO PANAMÁ 194

DIA 29: 31/05/16
CIDADE DO PANAMÁ 196

LOCALIZAÇÃO
BAR E CHOPERIA SKINA REAL — SHCN COMÉRCIO
LOCAL NORTE 210-BL B — BRASÍLIA, DF 198

PRIMEIRA PARTE

PREÂMBULO

Em algum tempo...

No despertar era o caos, torpor, nublação, cansaço e alheamento, esses adjetivos, de um tempo não tão distante, se confundem. Não queria, nem poderia traduzir o que ainda era um tempo de espera, de quê? Do quê? De quem?... Não saberia, nem adivinharia, não queria! Só queria deixar as horas vazarem em dias, que depois se perderiam nos calendários esquecidos pela casa, nos corredores, gavetas e paredes, esperando que a urgência os tornasse úteis. Um relógio mais exposto na parede da cozinha, ao lado da geladeira, também aguardava a ação de seus ponteiros, paralisados aos 17 minutos antes das nove, talvez da manhã, talvez da noite de qualquer dia, num quando que agora nem era memória de um dos calendários do apartamento. Tudo se passava e retornava a si mesmo numa cronometria inútil, não refletia a temporalidade que seguia incontrolável após a porta que isolava o mundo lá de fora. Dentro do apartamento, casa e casulo, acomodava um espírito adormecido, o olhar congelado e seco, nem piscava ao estímulo que vinha de uma tela brilhante de TV, os sons, as cores, estórias, sons, barulhos, músicas, imagens, personagens, produtos...

Nada, não transmitiam nada, nada se fixava, nada se entendia, nada se comprava, nada se vendia, nada marcava...

A solidão necessária para não dividir com ninguém as emoções que guardava e que antes eram motivo de tanta festa, agora estão paralisadas na ponta da língua, não espalha as cenas dos filmes vistos, poesias lidas, músicas ouvidas, as que conhece e as que acaba de conhecer, tudo se desfaz na fragilidade da importância: atores inesquecíveis, música, dança, prosa, poesia, tudo é arte e merda que se confundem na mente embotada. O interesse é o mesmo que desperta o terrível desenho animado criado por imbecis para distrair crianças idiotas que, mesmo assim, assiste compulsivamente a todos os episódios que pode ver, embalados por desvarios poéticos de fadistas desesperados que berram a todo volume pelos autofalantes disponíveis nos ambientes da casa.

O mapa geográfico desse espaço localiza a cozinha como um território estéril, sem relevo, fauna ou flora que acrescente novidades relevantes; há pouca sujeira, localizada nos poucos pratos e talheres que esperam na pia, a tradução da falta de criatividade que acometeu essa localidade, nem remete à profusão de aromas e sons que os utensílios, as especiarias e os óleos cuidavam de espalhar no ar, despertando a gula dos vizinhos. Embalagens descartadas na lixeira e ímãs com telefones de *deliveries* atestam a origem dos alimentos que agora chegam nesse lugar.

E daí, se distanciando e percebendo esses fragmentos que estão espelhando uma vida, uns poucos sinais, talvez, daria para perguntar: como saber onde se inicia um fim?

Um ponto final é muito definitivo e uma solução fácil quando se quer abreviar uma trama sem criatividade, um poema, um livro ou a solução ortográfica para acabar, mas numa existência não é tão simples. Há muitos sinais para pontuar e usar que nem estão na gramática, não se bastam de pausas, vírgulas, continuações, questionamentos, exclamações, seguimentos ou pontos. Tudo se acumula, se transforma e ganha novos usos quando o texto é escrito a quatro mãos.

Agora isso tudo está claro, explícito mesmo, o que ainda resta perdeu a graça, é insosso, a mediocridade impera, a continuidade e a coerência já se foram definitivamente. Assim, só a óbvia constatação de que nossos caminhos não mais se costuravam, o alinhamento se perdeu numa tangente que se desenhou quase imperceptivelmente, sutilmente foi se afirmando até se tornar distância, algo sem retorno ou ponto de contato, agora eram dois pontos que seguiam suas próprias rotas. Caminhos conflitantes, não mais a cumplicidade, não mais os acordos...

Um foi...

O outro ficou!

Mas, antes de se surpreender com o abandono e a solidão, houve a tentativa de se agarrar ao pensamento lógico e racional que sempre me bastou, sempre me abrigou. Sabia da fragilidade inerente às relações, quaisquer que elas fossem; nada é tão definitivo que não esteja suscetível a alguma novidade, nada é tão sólido que não possa se desconstruir ou se fragilizar por algo que se move para qualquer outra direção e que atraiu o nosso olhar, que acena para a novidade, uma ponte para outro caminho, para afastar do marasmo cotidiano. Aí surge a aventura, um risco de uma nova vida, ou no mínimo, um novo corpo. Ou o quer que seja que mova a curiosidade, o que quer que valha, tornou-se atraente e agora vale a pena, então, foda-se!

Se foi assim que começou, *não me dei conta,* ainda estava no ponto em que não me preocupava em saber para onde estavam indo essas linhas, ou qualquer linha a que estava ligado, estava errático. Não percebi o momento em que elas se confundiram. Chegou a hora em que fui atraído para uma linha, essa linha que até então desconhecia se emparelhou comigo quando já eu achava que não haveria mais inícios, no máximo a expectativa de sexo descompromissado, nem sempre satisfatório e geralmente promíscuo.

E eis que a linha se aproximou e se estabeleceu, referenciando minha vida. Se emparelhou quando já havia decidido a não mais começar de novo, depois virou a certeza de que sempre estariam alinhadas, seguindo paralelas. Fomos eternos num tempo impreciso e depois um já não via o outro apesar da proximidade do olhar, mas sem o contato que era tão firme no início. A lembrança difusa disso tudo é uma estória que vai criando o ranço do passado, feito de dias esquecidos, que agora já estão deslocados na sucessão de horas e momentos aborrecidos e sem criatividade, ou no torpor das emoções embriagadas que explodem nos botecos cotidianos, junto aos amigos de sempre e aos que estão de passagem. Anunciam o despertar sob ressacas fenomenais, reduzidos a formas de vidas sub-humanas, entre primordiais protozoários ou baratas kafkianas, tentando recolher a dignidade perdida nos copos mal lavados do bar, debatendo-se na cama entre desejos de sonhos e pesadelos infernais, forma indefinida de sensações que se misturam nas secreções que o corpo ainda consegue espalhar nos lençóis.

Antes de me surpreender com o abandono e a solidão, há o pensamento racional, talvez um instinto de preservação que me chama à realidade, começa a voltar ao ponto da reflexão sobre o fio tênue que amarra as relações, a certeza de que um novo sempre vem, de que está aberto a essa curiosidade, atento ao que se move em qualquer direção e que se torna o mote irrecusável para seguir em frente, até mesmo para viver uma nova vida, algo que se apresente e desperte a coragem de encarar a saída.

Nunca reagi bem a situações que envolvam pressão, não sou suscetível a me submeter a qualquer tipo que for e de onde vem: de amigos, do trabalho, da família ou dos relacionamentos; enfim reajo mal quando sou pressionado e dificilmente cedo. Estrategicamente, sempre tento prever mentalmente se algum evento em que me envolvo vai por um caminho que, em algum momento, sucumbirá a qualquer ação que me force a tomar atitudes sob pressão. Na época dos trabalhos escolares, monografias, TCCs e coisas do gênero não perdi prazos, nem perdi o sono, planejei com antecedência para que não fossem traumáticos.

Sempre temi que alguém se apoderasse de algum segredo meu, indizível, algo tenebroso, que me forçasse a atitudes inqualificáveis, mas acho que sou muito medíocre porque até o momento não me meti em transações obscuras e esse segredo ainda não foi produzido. Então, ainda não caí em mãos chantagistas.

No trabalho, passei por várias reestruturações, reduções de quadro de pessoal ou extinção de gerências e setores, momentos em que aparecem uns seres desprezíveis, pequenos gerentes sem relevância de comando ou intelectual, que são alçados a um poder de decidirem sobre os destinos dos outros empregados, e assim, o prazer sádico de ameaçar, pressionar, aterrorizar os que estão sob seu comando ocorre com requintes de crueldade. Adoram o papel de algozes, se refestelando com o súbito poder que adquiriram, o de ter o destino de alguém sob o controle deles, e aí, com ameaças reais ou veladas, torturam os subordinados. Há *um repertó*rio imenso ao alcance deles: garantia do emprego, perda da função, demissão, mudança de agência, cidade, gerência, redução salarial, e tantas outras mesquinharias...

Quando me vi nessa situação, no primeiro momento me senti pressionado e indefeso, a caminho da humilhação e da submissão. Foi quando aprendi a ligar o "foda-se", para não cair na teia do jogo sádico e humilhante que estava sendo praticado. Minha atitude me protegeu e fiquei imune ao jogo, afinal os seres que queriam controlar estavam submetidos ao mesmo contrato que eu e somente a hierarquia não seria suficiente para eles terem um poder real sobre minha vida.

Ocorreu uma situação que poderia ter me criado um problema real dentro do meu trabalho; tudo começou numa festa de largo, a

Lavagem de São Lázaro, em Ondina. Acho que agora cabe uma explicação mais detalhada do que significavam essas festas para mim naqueles dias. Eram a libertação que eu começava a desfrutar após sair de Bonfim e me mudar para Salvador, distanciar-me de conceitos familiares e de todos os rituais de opressão e provincianismos que definiam a vida em cidades do interior. Em alguns casos exagerávamos nas tintas para nos aproximarmos de mártires de alguma causa. Enfim, respirava uma sensação de liberdade antes não sentida e nessas festas reinavam o sincretismo e a licenciosidade profana, característicos do comportamento barroco que os negros, índios e os colonizadores geraram com a bendita miscigenação e se imprimiram e definiram a raça baiana.

A descoberta de que nessas festas havia espaço e aceitação para nossa homossexualidade e para todo tipo de loucura causava um frenesi e nos preparávamos ansiosamente para os eventos, dispostos a cometer desatinos sem limites. Quando chegava o verão, iniciava-se o calendário das festas: Pituba, Itapuã, Tororó, Conceição, Bonfim (a mais concorrida), Rio Vermelho e outras menos famosas como São Lázaro e Imbui. No carnaval havia até a lavagem do Beco de Maria Paz, uma estreita passagem entre a Av. Sete e a Carlos Gomes. Na maioria reina o sincretismo religioso em que santos cristãos se travestem de orixás de candomblé, ou vice-versa, ao gosto do usuário, tudo isso regido por uma influência orgiástica e etílica digna de Baco, e nós éramos entusiasmados bacantes nesses cortejos.

E, em áreas claramente delimitadas por antigas práticas e praticantes, cada um achava o seu habitat onde, com fervor e entusiasmo, poderia perder o bom senso e o controle dos nossos dias banais. Tudo sob doses colossais de álcool, maconha, loló e lança-perfume (havia pó, mas não era o forte do meu grupo naquela época). Naqueles espaços de caos, heteros, travestis, viados e sapatões (ainda não havia o alfabeto da diversidade) confraternizavam, transavam e trepavam sem remorso, sem pudor ou medo do pecado (pelo menos até passar o efeito dos suplementos usados).

Recordo-me de que foi na Lavagem do Bonfim que ouvi a saudação "Evoé Baco", entoada por um brincante do alto de um caminhão carregado de foliões que seguiam o cortejo até a Colina Sagrada. E ali, em frente *à* Associação Comercial, percebi que um mundo novo se descortinava aos meus sentidos. Tive a certeza de que não mais era guiado pelos conceitos bonfinenses. Já estava no mundo. Sob outras regras que o novo jogo ditava, diante de mim o cortejo saudava Baco, Senhor do Bonfim e Oxalá, mas, no fundo, era um convite a saudar a liberdade, o sexo e o delírio. E eu queria aprender a saudar...

E assim, volto a um dia no passado, um domingo ensolarado, em que despertei em frente a um indescritível mar aberto, com a areia e as *águas* da Baía de Todos os Santos de testemunhas, descortinados a partir da praia de Cachapregos na Ilha de Itaparica, usando o encosto do banco de um ônibus como travesseiro, tentando recuperar a memória do que tinha me levado até ali. Aos poucos, flashes do dia anterior permitiram reconhecer alguns dos corpos que jaziam ao meu lado, o dono do bar em cuja varanda dormi, dois dos caras que nos convidaram para a aventura, todos personagens do insólito episódio.

Meus dois amigos apareceram logo depois, um encontrou guarida num barco ancorado na praia, o outro desfrutou da hospitalidade de ilhéus e dormiu numa cama de verdade, só chegou bem depois e tirando sarro com nossas caras amassadas.

Em comum, a consciência de que havíamos feito uma loucura, uns tantos desorientados com o rumo que a coisa havia tomado desde que conhecemos os três caras na festa. A Lavagem de São *Lázaro* seria o início de uma farra de sábado, aonde fomos para sermos abençoados com o banho de pipoca de Omolu, tomar umas cervejas e seguir para outro programa no centro da cidade. Estávamos em três e eles também, insinuação de sexo fácil, nos convenceram a beber mais algumas cervejas e, já tarde da noite, pegar o *último* ferry e chegar em Itaparica quase meia noite, a tempo de embarcar no *último* ônibus para Cachapregos, levando o assento de lembrança.

Havia uma festa local, acho que de padroeiro. A partir daí tudo se confunde até o despertar na varanda do bar. Só a certeza de que bebemos muito e que não houve sexo. O que nos restava era refazer o caminho e voltar para Salvador. Então percebemos que não havia mais dinheiro, era a época do talão de cheques, *não havia como pedir ajuda a alguém em Salvador,* celular não existia nem em filmes de ficção cient*í*fica! Consegui com o dono do bar pagar a conta e receber um troco suficiente para custear nosso retorno. Voltamos, divertidos com os eventos que se sucederam nessa aventura.

Então, meus problemas começaram. Eles roubaram algumas folhas de meu talonário de cheques e as usaram para pagar contas, inclusive no bar onde passamos a noite. Fui avisado a tempo e emiti uma contraordem para evitar o saque em minha conta bancária. Algumas vítimas (ou *cúmplices*) ainda tentaram entrar em contato, mas fui taxativo, informei que eram cheques roubados e que tinha feito um B.O. O dono do bar de Cachapregos começou a me ligar cobrando um valor extorsivo, que era uma conta imensa, que os caras tinham gastado no outro final de semana. Informei sobre o roubo das folhas de cheques, ele retrucou que os aceitou por confiar em mim e porque sabia que eu trabalhava no banco (Banco do Brasil); então, insinuou que o cheque recebido por mim foi por conta de serviços sexuais prestados pelos elementos. Fiquei arrasado.

Então ele mudou de tom e começou a me chantagear, ameaçando fazer um escândalo no meu local de trabalho. Aterrorizado, passei horas em *pânico prevendo a humilhação à qual* seria exposto, rezando aos deuses para que nada acontecesse e eu não precisasse sair do armário daquela forma tão arrasadora. Já estava perdendo o sono e tendo sobressaltos a cada vez que alguém ligava para o trabalho *à* minha procura. A pressão que ele exercia desencadeou o meu "foda-se" e então virei bicho; ele chegou a vir ao meu setor de trabalho, encontrei-o no saguão dos elevadores, tremendo de medo da reação dele, disse que tinha feito um B.O. e havia testemunhos de que teria sido roubado, e que se ele continuasse insistindo eu daria queixa na polícia porque ele era receptador de cheques roubados. Ele não esperava a minha reação, na época a maioria dos gays se mantinha confortavelmente dentro de seus armários, temendo exposições ou escândalos. Acho que minha atitude o intimidou, ele foi embora fazendo ameaças veladas, mas nunca mais me incomodou. Até hoje não sei se também não foi uma vítima ou cumplice dos canalhas, pois ele e a esposa foram muito legais conosco durante a grande farra. Nunca mais retornei a Cachapregos.

E assim, a minha reação mais óbvia adotada naquela situação extrema foi para preservar a mim próprio.

Até que ao fim, após a definitiva constatação de que houve o corte, a natureza inexorável, e você se vê como realmente está, um resto humano, decadente e descompensado, necessitando de alimento e dignidade. E daí, este trapo humano vai se recompondo, não imediatamente, não mitologicamente poderoso, ressurgindo das cinzas num fogo esplendoroso, mas, talvez, como um vaso quebrado, juntando uns caquinhos que permitam recompor a utilidade que antes era percebida, mesmo com as marcas aparentes e mal coladas.

Assim, ainda em tempo, consegui entender que ainda era vida.

Necessitava encerrar aquele maldito ciclo de decadência e desesperança a qualquer custo, precisava pôr o pé na estrada e seguir. Nunca me coube chorar pelo que se foi ou deixou de ser feito, não acredito em remissão ou culpa. Esperar por retorno é uma ilusão, *não se volta ao que já se perdeu e não era tempo para tentativas, a ação se impunha e exigia* urgência, era hora de ligar o "foda-se".

O contexto político do país também estava me angustiando, um complô cinicamente orquestrado ameaçava a democracia acenando com o impeachment de Dilma, por conta da determinação de Aécio Neves em não aceitar o resultado das eleições de 2014. Os sinais de tempos tenebrosos se anunciavam com a ascensão de um fascismo mal disfarçado dos cidadãos, um ódio ao PT, até mesmo por quem mais foi beneficiado pelos governos do partido, expressões de virulência e estupidez grassando nas redes sociais, as pessoas perderam o pudor de expressar opiniões publicamente, julgamentos cheios de preconceito e ignorância davam o tom em todas as publicações e me dava uma sensação de desânimo e derrota.

A minha melhor alternativa era cair no mundo, jogar algumas coisas na mochila, fechar a porta de casa e seguir viajando. Decidi que voltaria ao México, rever alguns lugares, conhecer novos e, principalmente, me aprofundar nos mistérios das civilizações pré-hispânicas que habitaram a região. Logo que comecei o planejamento percebi que a viagem poderia ser maior e mais interessante, e incluí todos os outros países da América Central. Seria um período sabático, um tempo para repensar e me motivar.

E assim começou.

Dia 01: 03/05/16

(O primeiro dia) Cidade do México (DF)

Hoje iniciei um novo trecho de meus caminhos pelas vias da Centro América, desde o México até o Panamá, pretendo conhecer mais da cultura desses povos tão distintos do Brasil, mas que, entre eles, a gente sempre acaba encontrando pontos de contato em comum, nessa coisa universal que é viver em sociedade e se aventurar pelo mundo, principalmente entre os mais carentes.

Havia resolvido não mais me expressar por meio do Facebook. O chorume que algumas manifestações de "cidadania" exalam ainda me entorpece e dá náuseas, vergonha do ser que se diz humano, mas, apesar do incômodo, sinto que não depende de mim essa consciência. Então usarei outro meio para manter familiares e amigos mais próximos durante esses dias de jornada.

Por minhas inclinações, o óbvio era ir pra Cuba, mas já estive por lá e agora os turistas estão achando pop visitar a ilha. Assim, é melhor eu não ir, e já que está ficando muito lotado, resolvi ir para lugares como Oaxaca, Chiapas, Copán, Tegucigalpa, Atlitán, La Fortuna, lugares que não atraem turistas que procuram o conforto e o consumo dos resorts.

No voo de vinda tive o prazer de compartilhar o espaço aéreo com as exuberantes cabeleiras do casal Valderrama, ex-jogador da seleção da Colômbia, afora isso o voo foi tranquilo, e somente um pouco inusitado porque os comissários da Copa Airlines são diferentes de quaisquer outros que já conheci: não fazem os tipos beldades, têm sotaques estranhos e são meios estabanados.

Ainda era o início da tarde na Cidade do México, no DF, como é conhecida pelos mexicanos, exausto e sonolento, não consegui pregar o olho na viagem. Estava muito quente e abafado, mesmo assim resolvi fazer alguns passeios para poder dormir melhor. Iniciei tentando visitar o Museo Mural Diego Rivera, que, segundo o Google, ficava a oito minutos do hotel (estava hospedado na região do Paseo Reforma), cheguei 20 minutos depois de seguir por várias direções erradas; apesar do nome, o museu só tem um mural de um discípulo do Rivera, mas é um mural impressionante.

O Museo fica em frente a um parque central muito arborizado com muitas árvores frondosas, e que me remeteram às árvores de minha infância, as que sombrearam e protegeram quando precisava me abrigar do calor inclemente do sertão nordestino ou das pesadas chuvas da época das trovoadas de final de ano. O umbuzeiro, a árvore mais onipresente dentre todas, juazeiros, mangueiras, algarobas, caçatingas, mandacarus, licurizeiros e tantas outras formas da flora que me envolviam me deram as noções do mundo vegetal.

Quando somos crianças as primeiras descobertas vegetais são as que estão ao alcance de nossos pés e mãos, abaixo do nosso olhar de pequenos, as mais rasteiras, cheias de cheiros, texturas, de folhas, caules, espinhos, urtigas, cores em formato de flores e conforto em forma de grama. Quando aprendemos a olhar para cima descobrimos as árvores, que pareciam imensos castelos, braços abertos nos convidando para o seu abrigo e para os seus frutos, guardiãs das doces delícias que brotam entre seus galhos.

Mangueiras, jaqueiras, cajazeiras e tamarindeiros eram as mais populares e frondosas nos quintais e roças que frequentávamos, árvores altas que por isso protegiam os seus frutos da nossa voracidade infantil; já os umbuzeiros eram mais generosos, generosa sombra, generosos frutos, saborosos frutos, cheios de doçuras, amargos e azedos em todas as suas texturas, de verdes a maduros, todos democraticamente consumidos sem nenhum pudor.

Os umbus brotavam na época das férias escolares, eram outros tempos e outros limites que a autoridade de nossos pais nos dava para podermos gozar, sem que houvesse a insegurança que reina atualmente. Então, não havia problema para meu pai largar um monte de crianças no meio do mato, sabia que não correríamos riscos porque as pessoas da região não ofereciam perigo para crianças solitárias, ao contrário, cuidavam como se fossem suas. E era nosso momento de liberdade e alegria infantil, dia de tomar banho no rio que cruzava a região e depois ir para a "roça de vovó" colher e chupar umbus. Ao fim da tarde esperávamos o meu pai nos recolher e nos levar de volta para casa, às vezes algum caminhão ou camionete nos dava carona até a entrada da cidade. Nem nossos pais nem nós achávamos que era perigoso e que alguém poderia nos fazer algum mal. E ninguém nunca foi abusado, o tempo das maldades começou depois de nós.

O mais velho dessa trupe era eu, aos dez anos me responsabilizava por um grupo de crianças, dentre irmãos, primos e amigos da rua, que abarcavam a faixa etária de 3 a 8 anos. Os maiores levando os menores na "cacunda", ou seja, nas costas, porque ficava mais fácil suportar o peso e aliviava o cansaço dos pequenos. Eles se divertiam muito! Havia muita cantoria, risos e brincadeiras que criávamos a partir do nada, só da pura tranquilidade e felicidade que a infância às vezes nos reservava.

Todas essas lembranças estão lambuzadas com a essência do sabor do umbu, o agridoce, o doce mel, o "devez" (quase maduro), o sumo quase líquido que se transforma em suco ou em saborosas umbuzadas quando misturados os umbus com leite, os vários tons de verde que a fruta adquiria a cada fase de seu amadurecimento ainda estão fortes e vívidos em minha memória.

O efeito colateral dessa farra telúrica surgia na forma de temidos furúnculos, os tumores, que emergiam na nossa pele, túrgidos e dolorosos, como pequenos vulcões. A crença geral era a de que o umbu afinava o sangue o que gerava os furúnculos. Ainda tenho marcas no corpo como cicatrizes marcando os locais onde eles nasceram e a lembrança da dor que sentia quando os adultos espremiam o "tumor", um misto de desespero e alívio, mas que nos deixava prontos para começar tudo outra vez na próxima floração dos umbus.

Mas não há umbuzeiros no Parque Alameda Central, foi só uma reminiscência agradável de outros tempos de minha vida.

Segui até o fantástico Palácio de Belas Artes, um conjunto arquitetônico majestoso que abriga museu e teatro. O acervo é muito interessante com obras de Dalí, Degas, Kandinsky, Lautrec, Matisse, dentre outros, sem falar nos murais de artistas mexicanos, vários do Rivera, inclusive a reconstituição do mural que ele fez para o Rockefeller nos EUA, que obviamente não aceitou a representação de Lênin e Trotsky colocada lá e mandou destruir a obra.

 Depois andei uns quilômetros pelo caótico, mas instigante centro histórico da cidade, comércio popular, decadência, pessoas simples e grandes surpresas para os sentidos, sons, cheiros e impressões o tomam de assalto e fui seguindo até o Mercado Presidente Abelardo

Rodrigues, no caminho a grata surpresa da Praça São Domingos com sua igreja de imagens e altares lindíssimos e o piso em ruínas.

Os mexicanos são muito devotos e não podem ver uma imagem da Nossa Senhora de Guadalupe que eles logo expressam sua fé, se ajoelham e rezam fervorosamente.

O mercado é uma loucura, vende-se de tudo e para tudo e todos, e ainda há vários murais nas paredes, muito bonitos e quase passam despercebidos se você não estiver atento. Pensei em almoçar por ali, mas não me senti forte o suficiente para encarar os temperos, cheiros, caldos, cardápios exóticos sem tradução para mim, e a convivência muito coletiva das barraquinhas de comidas; também não encarei nenhuns "antojos" do lugar, fui procurar um restaurante mais "traduzido" e acabei comendo umas coisas servidas numa panela que misturava carne, feijão, cebola e uma coisa verde comestível com tortilhas.

Desde que cheguei notei o clima estranho, à noite a TV informou que a cidade está em alerta devido à qualidade do ar, muito poluído. Sempre esqueço de usar protetor solar ou hidratantes. E para que servem? Até ir morar em Brasília achava que era um cosmético plenamente dispensável para minha pele mestiça, mais para o negro, incluía-o no mesmo kit em que estavam a água mineral e o bronzeador. Para hidratar já haviam inventado a cerveja, bebia água em casa, vinda da geladeira. Também sobrevivi ao Rayito de Sol, o *must* do verão no Porto da Barra dos anos 80, junto com outros produtos "caseiros" que antecipavam a missão do sol de nos bronzear. Eles nos davam a cor do verão, um tom que deveria parecer com o de um galeto bem assado naquelas churrasqueiras giratórias que se instalavam na beira da pista na volta da praia.

Para se chegar à cor ideal tinha que passar pela fase do "vermelhão" e posterior "descascar", como uma cobra que troca de pele (para os mais branquelos o sofrimento era maior), mas a perseverança nos premiava com o tão sonhado bronzeado. Efeito estufa, câncer de pele, envelhecimento precoce ou qualquer outra maldição era uma promessa muito distante para nossas juventudes praieiras e baianas.

Não recordo quando a prescrição virou regra, a exigência de Fator de Proteção 50 até para os pretos, com o câncer de pele pairando no ar, ameaçando os infiéis. Demorei até a admitir usar o bronzeador

Copertone em cuja embalagem havia uma Jodie Foster criança com a calcinha puxada por um cachorrinho e era pura ostentação, abaixo apenas do Rayito de Sol, o bronzeador em bisnaga vindo da Argentina, que era a garantia do bronze ideal se nos imobilizássemos por um tempão sob o sol escaldante, com o cuidado precioso de delimitar bem "a marquinha" da sunga na virilha, um contraste violento entre a pele chocolate, quase crestada, onde o sol bateu impiedosamente, e o branco leite das partes protegidas (mínimas) dos raios solares.

Houve o lançamento de uma versão do Rayito em spray, quase uma tragédia, porque quando havia vento, pulverizava toda a praia ao redor e não chegava ao objetivo a ser bronzeado. Não fez muito sucesso.

Na minha segunda existência, já no Planalto Central, todas as maldições relacionadas acima se concretizaram sob a forma de viver um período do ano sob um clima semidesértico, com umidade do ar abaixo de 10%, quase impróprio à vida humana. Câncer de pele e necessidade de hidratação são questões de sobrevivência. Muita água para evitar uma crise renal, protetor solar para se proteger do micro-ondas que está no céu e galões de hidrante para evitar que suas células epiteliais se dissolvam sob seus olhos, como a pele de um réptil, como um calango, o gentílico dos moradores de Brasília.

Vou descansar bastante para encarar o passeio a Xochimilco e arredores.

Dia 02: 04/05/16

Cidade do México (DF)

Hoje eu acordei com uma lembrança inusitada, ecoavam em minha mente as frases "Ela não me ama, ela não me ama...", que um amigo proferiu num certo dia do meu passado. Ele repetia as palavras com o olhar perdido, como se eu não estivesse ali, ao seu lado, sentado no mesmo banco de uma praça na cidade. Eu o encontrei por acaso no caminho do trabalho e conversamos sobre vários assuntos, havia algumas semanas que eu não o via, a última vez que o encontrei foi quando a sua namorada rompeu definitivamente o relacionamento tempestuoso que eles mantinham, depois de mais uma cena degradante de ciúme doentio que ele protagonizou. Foi numa comemoração de aniversário de um outro amigo. Sem razão aparente, no meio da festa, ele se descontrolou e começou a ofendê-la com palavrões horríveis e insinuações cavernosas sobre uma "evidente traição" dela com o aniversariante. Era mais um ato a ser acrescido na longa lista de ações desagradáveis que nós amigos presenciávamos, um tanto quanto vexados, contrariados com as baixarias que ele fazia sem o menor constrangimento, a qualquer hora e em qualquer lugar.

A história dos dois não era muito antiga e começou meio despretensiosamente, quase como uma brincadeira. Erámos parte de um grande grupo de amigos que frequentavam os mesmos bares quase que diariamente, bebendo muitas cervejas e com muitas estórias divertidas acontecendo. Naquela temporada os dois haviam terminado relacionamentos recentemente e, meio que acidentalmente, começaram a transar e naturalmente aquilo evoluiu para uma relação intensa e pegajosa. Se pegavam com tanta voracidade que incomodava quem estava com eles.

No princípio havia muita diversão e compreensão até que, sutilmente, ele começou a apresentar traços de possessividade e de comportamento obsessivo. Num momento ele não gostava da proximidade de alguma amiga ou amigo, de alguma estória do passado, noutro momento a desqualificava por motivos banais. Ela não percebeu a transformação que se operava até que ele quase a agrediu fisicamente, o que não ocorreu porque conseguimos contê-lo. Ao se dar conta do jogo perigoso em que ela estava envolvida, tentou dar fim ao relacionamento e aí iniciou-se outra fase, cheia de idas e vindas, brigas espetaculares, palavrões, insinuações degradantes que toda a turma presenciava.

Depois do dia que eu o encontrei na praça não houve mais reconciliação, ela ficou irredutível e não cedeu às promessas dele de dias melhores. Mas a obsessão já havia se instalado nele. Ela me contava sobre a insistência de ligações telefônicas, centenas de mensagens digitadas obstinadamente com declarações de amor ou ameaças de morte e suicídio. Também a vigiava constantemente, seguindo seus passos e até dormindo dentro do carro que estacionava em frente à casa dela. Um dia ela o encontrou tomando café com seus pais, na sala da sua casa, rindo para ela como se nada houvesse ocorrido.

Ela temia que ele tomasse alguma atitude drástica, mas felizmente não ocorreu por conta de eventos que o obrigaram a sair da cidade. Ele se envolveu com outras pessoas e a deixou em paz. Naquela época perdi o contato com ele, só bem recentemente o encontrei, rememoramos o passado e atualizamos as conversas. Ele me contou sobre um novo relacionamento, mas reafirmou que nunca a esqueceu, acreditava que um dia ela seria dele, somente dele! E, com o olhar perdido, repetiu, "Mas ela não me ama. Ela não me ama...". Lembrou-me o que li no conto "Pomba Enamorada ou Uma história de Amor" de Lygia Fagundes Telles, que de maneira sarcástica conta a história de amor obsessivo de uma mulher por um cara com quem ela dançou em um baile na juventude. Durante toda a sua vida, mesmo depois de casada, com filhos e já velha, alimenta a esperança obsessiva de ser feliz com ele.

A sobrinha de uma amiga desenvolveu uma esquizofrenia que destruiu a vida dela e criou a obsessão de que era perseguida pela Marilena Chauí, de quem tinha sido aluna. No auge das crises ela gritava descontrolada: "Marilena Chauí, eu não sou prostituta". Fico intrigado com pessoas obsessivas, que têm essa estranha capacidade de se manterem obstinadamente focadas num objetivo, pessoa, objeto ou causa. Orientando suas ações e sua vida em torno de sua obsessão. Dos tipos obsessivos os que mais me assustam são os que se apaixonam por alguém e perdem o senso da realidade e transformam a vida dela num inferno. Mas já era a hora de deixar de lado as divagações e iniciar minhas incursões pela cidade.

Outro dia de péssima qualidade do ar, com clima desagradável, cinzento, seco e sufocante, no entanto não prejudicou a programação de hoje, pois nos afastamos da área mais poluída. Iniciei por Coyoacán, um bairro bem antigo e pitoresco cuja origem se confunde com a chegada dos espanhóis, pois conta-se que Hernán Cortez morou lá e iniciou a construção da imponente catedral do bairro e até hoje é bem diferenciado, parecendo outra cidade dentro da cidade, casas grandes e ruas tranquilas, além de vários prédios com arquitetura colonial. O Museu Casa de Frida Kahlo se localiza na região.

Conheci a centenária igreja que mantém as características marcantes dos países colonizados pelos espanhóis: altares de tirar o fôlego, detalhes e mais detalhes, imagens sacras dramáticas em tamanho natural, marcenaria e marchetaria de mestres, enfim, beleza para agradar até os ateus.

Não fui ao museu da Frida, pois já o conhecera na viagem anterior, preferi perambular pelo bairro e conhecer o mercado local, repleto de artesanato, fantasias, temperos e comidas (mais apetitosas que as de ontem). Conheci um casal de brasileiros que veio do Espírito Santo, reclamaram que ninguém sabe onde fica o estado deles, ninguém conhece. O que não é o caso da Bahia e de Brasília, as minhas referências. Conversamos muito e trocamos telefones para futura comunicação.

É bem notória a importância que os celulares assumiram em nossas vidas, já foi um artigo de ostentação, mas agora é quase essencial, nos tornou ubíquos. Já possuí dezenas de aparelhos, de vários modelos, marcas, preços e sistemas operacionais. Atualmente estou mais fidelizado e passo mais tempo com um aparelho sem trocá-lo — Steve Jobs definiu o meu padrão de consumo.

Já perdi tantos aparelhos que nem vale a pena reclamar, um deles não demorou nem 10 horas em meu poder até ser roubado e por causa de um outro levei uma coronhada na testa ao tentar conter o ladrão que o havia furtado da mesa onde eu estava sentado. Resultado, sem o celular fui atendido pelo Samu e depois num pronto-socorro para tomar uns pontos e sair com uma costura na testa.

O celular foi a minha inspiração para um TCC de um MBA de Marketing que fiz há um tempo, e naquele estudo percebi a que ponto a interdisciplinaridade inerente à sua tecnologia poderia ser usada, alterando nossos padrões de consumo de maneira disruptiva, e agora é fato.

Hoje, para mim, é a coisa mais essencial que tenho ou que levo quando viajo: está tudo lá, guias, mapas, passagens, vouchers, reservas etc. Tudo na palma da mão a um toque num APP. A minha primeira providência ao chegar num destino é adquirir um chip que me possibilite permanecer conectado. Praticamente o mundo inteiro já permite esse acesso, alguns lugares com maiores e melhores recursos de conectividade. Aqui já dei lucro ao Carlos Slim.

Sempre me irrito ao ver motoristas utilizando o celular quando estão dirigindo ou ao ser atendido por alguém falando ou digitando — me tiram do sério, já chamei atenção de alguns, até de maneira grosseira. Cheguei a pensar que esse comportamento fazia parte do nosso compêndio de grosserias nacionais, ledo engano, é um comportamento mundial, completamente arraigado em todas as culturas que já conheci. De Helsinque aos lagos guatemaltecos, o procedimento se repete. Somente em Cuba eu não presenciei isso quando fui lá em 2012, mas o funcionamento do aparelho era precário, analógico e sem muitos recursos, e o preço dele era proibitivo para a maior parte da população. O salário de um médico não chegava a 15 dólares e o preço de um aparelho era de 200 dólares. Acredito que hoje seja diferente e que os cubanos já estejam ajustados ao comportamento mundial.

O acesso aos recursos está tão intuitivo que, desde meu sobrinho de quatro anos até minha mãe aos 80 anos, todos podem ter acesso democraticamente ao que a tecnologia disponibiliza para nosso conforto. Todas as facilidades ao alcance dos dedos, do banco ao cinema, tudo cabe numa pequena tela.

O melhor do dia me aguardava em Xochimilco (pronuncia-se chotimilco), espaço único, uma Babel deliciosa aos sentidos, todos! Formado a partir de mais uma centena de quilômetros de canais naturais oriundos de um lago, criando um labirinto onde navegam, a partir do atracadouro de Xochimilco, centenas de coloridas trajineiras que transportam os visitantes pelos canais, num ritmo lentíssimo, como uma gôndola, sem o charme de Veneza, mas com um calor latino insuperável e gostoso. Elas levam nomes de mulheres e quando começam a navegar avançam num caótico mundo hídrico: mariachis cantando o repertório mexicano, de La Lollorona a Cielito Lindo, por módicos 40 pesos; outros tocam instrumentos de percussão, bandas mais acústicas que têm até cello na composição; também se vende comida mexicana, bebidas e sobremesas. Tal qual piratas eles se acercam da trajinera e oferecem o serviço, se aceito, atracam o barco e começam a função. Muito divertido, no nosso vinha um barco cozinha que serviu desde carne assada a tacos e burritos, muito boa a comida, e até descobri que a coisa verde que comi ontem era um tipo de palma.

E nessa balbúrdia pode-se ver casais em clima romântico, em passeios privados (pelo que vejo os mexicanos são muito fogosos, pois se pegam em qualquer lugar, a qualquer hora).

Contaram uma história bizarra: a uma certa distância de onde estávamos há uma ilha chamada Isla de las Munhecas (Ilha das Bonecas) e o nome originou-se da loucura do dono da ilha, a partir do momento em que sua única filha morreu afogada. Então ele passou a encher a ilha de bonecas na esperança de que sua filha voltasse para brincar com elas, e esperou em vão por 30 anos. Há uma representação um tanto macabra da ilha com um monte de bonecas amarradas nas árvores, grotesco!

Há pombos por todos os lugares da cidade. Como em todas as grandes cidades, eles sempre me chamam a atenção. Quando garoto queria muito criar pombos como animais de estimação, e isso horrorizou minha mãe, que os tinha como animais de mau agouro. Existia a superstição de que traziam azar para seus donos e até a viuvez para a dona da casa. Certa feita consegui a promessa de ganhar filhotes de um amigo, que foram devidamente interditados por minha mãe.

Sempre os observo, gosto de sentar-me em praças para ver como se comportam, os bandos que chegam e ocupam os espaços vorazmente atrás de alimentos, seus jogos de sedução e de acasalamento e as interações sociais que eles têm. É de se notar que não se veem filhotes entre eles, os que estão nas ruas já parecem todos adultos. Lembro-me do filme Tardes com Margueritte, com Gerard Depardieu, em que ele desenvolve uma relação de amizade com uma velha senhora, eles se encontram numa praça de uma cidade do interior da França e conversam muito enquanto observam os pombos.

A maioria das pessoas que conheço não tem simpatia pelos animaizinhos, chama-os de ratos com asas (o pior é que também tenho simpatia pelos ratos), porque proliferam doenças. Já tive notícias de prédios interditados por conta deles. Já vi em algumas construções de cidades antigas da Europa um tipo de armadilha que parece um pente com longos espinhos finos que impedem o acesso das aves às brechas existentes nos telhados e fachadas. Outra marca registrada deles são as cagadas corrosivas em estátuas e monumentos públicos das praças, sem nenhum respeito aos próceres eternizados em bronze ou mármore ou qualquer outro tipo de material. São iconoclastas.

Recentemente uma amiga me mostrou as fotos de um casal de pombos de uma raça diferente, que ela fotografou no Uzbequistão: eles são brancos com uma linda cauda rendada, como pavões, achei-os tão lindos que pedi uma cópia das fotos para mim.

Tenho lembranças de uma série de desenho animado produzido por Spielberg, Animaniacs, em que havia episódios protagonizados por pombos, e num deles, eles refaziam o roteiro do musical de West Side Story, a estória de Romeu e Julieta numa versão nova-iorquina. Só que ao invés de ser uma rixa de família é uma briga entre gangues rivais no musical, e no desenho acho que os pombos brigavam com os corvos da cidade.

Finalizamos na Cidade Universitária, onde está localizada a gigantesca universidade do México, cujo prédio da biblioteca ostenta um mural épico, que tem participação do Rivera em sua elaboração. Acho que foi a obra com mais signos e símbolos que já vi, muitos significados expressos e ocultos. Bem visceral. Em frente da universidade está o Estádio Olímpico, que também ostenta um belo mural do Rivera.

Sem planejar acabei me envolvendo com os muralistas mexicanos, que agora têm uma significação mais violenta para mim, pelo que representam da construção da memória de pátria, da recuperação histórica de sua ancestralidade e do caráter revolucionário. Em consequência, associo essas mensagens aos atuais grafites, em que artistas expressam as angústias modernas, os prazeres e os paradoxos culturais que vivemos e insistimos em entender. Há algo de transformador.

Quando li o livro do Padura sobre Trotsky fiquei decepcionado com o comportamento machista do mexicano Rivera, descrito no livro, mas agora esqueço isso para poder aproveitar o toque genial que ele deixou em suas obras, julgo o homem não o imortal, o sublime supera o grosseiro.

O trânsito caótico dessa cidade de mais de 22 milhões de habitantes é muito propício a acidentes automobilísticos. Meu pai morreu num acidente de trânsito muito novo, tinha só 40 anos, e por pouco minha mãe também não se foi, ela estava junto com ele quando o carro capotou. Felizmente isso não ocorreu.

Acidentes de trânsito foram uma constante em grande parte de minha vida, principalmente na infância e adolescência, porque cresci numa família em que carros e caminhões eram a principal fonte de renda. Desde que me entendo, acostumei-me a estar entre carros, caminhões e carretas. Meu pai e meus tios dirigiam os caminhões. A princípio, meu avô os ajudou a comprá-los para poderem ficar autossuficientes e terem sua própria renda. Transportavam todos os tipos de cargas entre as cidades próximas, de granito para pavimentação de ruas a produção agropecuária dos pequenos produtores rurais da região e que abasteciam as feiras livres das cidades.

Eram outros tempos, já idos, em que a regulamentação e a vigilância de trânsito eram praticamente inexistentes, para que dispositivos de segurança? Uma oração, a fé em Deus ou na habilidade do motorista. Não havia problema em dirigir alcoolizado, ninguém estranhava. Assim cresci presenciando algumas tragédias, até poucas diante das que o cenário desenhado poderia causar, mas vi desde atropelamentos, colisões a capotamentos com muitas vítimas fatais. Sem muito horror, o desastre era visto como uma fatalidade, somente sugestões veladas de que a causa muitas vezes fora o álcool ou a imprudência. O perigo era um animal na pista, a direção perdida, um pneu que explodiu, a pista esburacada ou um pedestre que se atirou na frente do carro, mas quase nunca se falava da irresponsabilidade do motorista, afinal eles eram pessoas muito próximas a você (no meu caso).

Quando me tornei motorista, esses atenuantes já eram coisas do passado, a legislação se tornou mais rígida e fiquei só com os agravantes: irresponsável, bêbado e inconsequente eram os adjetivos com que me qualificaram muitas vezes. Ainda bem que os acidentes que provoquei não deixaram cadáveres (eu acredito), só a marca em

3D de um cotovelo em meu para-brisa quando atropelei um cara que andava pelo meio de uma rua escura de Salvador; sem testemunhas, fugi e não prestei socorro, ficou o remorso e a certeza de que havia cometido um crime. Menos graves foram as várias colisões, derrapadas, subidas em canteiros e atropelamentos de animais, tudo sem quebrar nenhum osso meu.

Terminei o dia de volta a Calvino e suas Cidades Invisíveis. Ao retornar a uma cidade, tem-se a percepção de que ela se oferece mais carinhosamente, está mais acessível, não nega mais seus segredos, são mais familiares os seus cheiros e esconderijos, seus atalhos, guarda mistérios para instigar e: levar-nos a nos largar, nos deixar levar mais simplesmente, mais intensivamente, sem as precipitações de iniciantes.

Estranho falar assim dessa caótica e babilônica cidade, mas quase sempre sinto isso quando volto a um lugar onde já estive, lembro-me do Gonzaguinha:

Quando a gente volta
O cachorro já não late mais
Já reconhece aquele que lhe deu
Um pedacinho de seu pão
Fez um carinho
Virou as costas
Tomou a estrada e sumiu
E a criança já crescida
Corre e chama o pai
E o povo sai
Toma a varanda com seus sorrisos
E é como fosse

O brilho do novo sol

LOCALIZAÇÃO

King Bar, Calle Amberes 18, Juárez, Cauhtémoc, Ciudad de México

— Não, não foi tão difícil, aliás as coisas só foram acontecendo...
— Acho inacreditável...
— Por que? As pessoas muitas vezes ou são ingênuas ou preferem acreditar para não se exporem à realidade.
— Sim, é verdade.
— Mas não foi premeditado, juro! Eu não estava preparado para aquilo tudo que viria.
— E como você o conheceu? Já sabia que ele era casado?
— Sim, eu sabia, o conhecia de vista, à época ainda morava em Oaxaca, não é tão grande como aqui, na verdade é bem menor. O DF é monstruoso. Ele já morava aqui, mas ia visitar os familiares que ele tinha por lá, eram de lá também. Sabe como é o povo de interior, vai nas férias, nas festas, em eventos familiares e essas coisas. Somos muitos ligados à família e gostamos de manter esses laços vivos.

Foi na Festa dos Mortos que nos encontramos para valer, ele estava com a esposa e os filhos pequenos. Eu nem imaginei que ele era gay, mas logo vi que ele estava me cantando na frente dela, discretamente, mas estava. Eu não tinha muita experiência, na verdade, só umas aventuras sem importância, coisas apressadas. Era até noivo de uma garota!

Não me via como homossexual, preferia não pensar nisso, achava que era hetero por ser ativo naquelas relações que havia tido.
— E ainda assim saiu com ele?
— Ele gostava de ser passivo, levava uma vida dupla, não conseguia quebrar com as exigências que a sociedade cobrava dele e por sorte casou-se com uma mulher que não questionava e nem se impunha, era totalmente subserviente a ele, fazia vista grossa, acei-

tava e acho que fingia não ver as coisas que ele aprontava, às vezes dentro da casa em que moravam.

— Mesmo?

— É, ele levava garotos, gostava de pessoas mais novas, para dormir com ele, inventava as desculpas mais esfarrapadas e oferecia um quarto de "hóspedes" que ele montou para essas aventuras e, no meio da noite, escapava da cama e ia trepar com o hóspede.

— E os filhos? Não se intimidava?

— Eram muito pequenos. E a esposa preferia fazer de conta que nada acontecia, como já comentei.

— Ele era um vagabundo!

— Não consigo vê-lo assim, ele era um cara bom, muito bom.

— Mas essa situação é indecente!

— Era a realidade que ele tinha, não conseguia sufocar o desejo que sentia como muitos hipócritas fazem. Por sorte arranjou a mulher ideal para viver com ele.

— E você?

— Eu?

— Sim, como foi que se envolveu com isso tudo?

— Transei com ele naquele dia da festa, daí ele logo voltou para me ver novamente, voltou várias vezes, quase todos os meses naquele ano. Ele se apaixonou por mim.

— E você?

— Naquele tempo não pensava sobre isso, deixava as coisas acontecerem. Era sexo bom, descompromissado. Não me via num relacionamento com outro homem. Voltava para casa como se nada tivesse ocorrido.

— Simples assim?

— Sim, era. Até que ele começou a insistir para que eu viesse para o DF ficar com ele, passar uns dias. Eu queria muito conhecer a capital, mas não tinha grana para isso, éramos muito pobres, minha família. Ele bancou tudo e eu vim.

— Ficou na casa dele?

— No quarto de hóspedes!

— Com a esposa e filhos?

— Sim, ele inventou que eu era filho dele.

— O quê?

— Que eu era fruto de um relacionamento irresponsável que ele tinha tido antes de conhecer a esposa.

— E era possível, isso?

— Ah, era. Ele tinha 45 e eu ia fazer 20.

— E a esposa, acreditou?

— Acreditou e ainda ficou muito feliz por ele estar me reconhecendo, reparando um erro do passado. Arrumou o quarto para mim e nos deixava bem à vontade para conversar e recuperar o tempo perdido que não tivemos como pai e filho. Achava normal ele passar a noite comigo, como pai e filho na mesma cama.

— Isso era sincero?

— Acredito que sim, ela era muito religiosa e nunca manifestou o menor desagrado com essa situação.

— Quanto tempo isso durou?

— Inicialmente eu fiquei por um mês com eles, estava de férias. Aí voltei para Oaxaca e pouco tempo depois ele me ligou me chamando para ficar morando com eles. A esposa aceitava e queria me ajudar a ter um futuro melhor, estudando e trabalhando. Eu aceitei.

— E a tua família? Tua namorada, noiva, sei lá?

— A noiva foi fácil, terminei sem maiores explicações, para a família inventei que um amigo havia arranjado um emprego na capital e que poderia ficar com a família dele até eu me aprumar. Minha família era muito pobre e eu nem emprego regular tinha, vivia de bicos.

— E tu encarou mesmo! Corajoso, você.

— Sim, eu já não estranhava estar com ele.

— Estranhar? Como assim?

— Eu já estava gostando dele.

— Como homem.

— Mas ainda não me entendia como viado, gay ou homossexual... Você sabe.

— Sei...

— Ele era um cara muito legal. Foi a pessoa certa para mim.

— E o sexo?

— De primeira, nunca cansei disso com ele.

— Você reconhecia isso?

— Não. Sei agora.

— Não entendi.

— Se reconhecesse isso naqueles tempos teria que me reconhecer como viado.

— Ah, tá!

— Eu tinha amigos que transavam com outros caras, não era um problema ou tabu, era aceito entre nós como se fosse uma coisa normal para ganhar algum trocado ou um presente. Os viados serviam para isso, nós éramos machos. Tínhamos família, namoradas, esposas e, alguns, até filhos. Na verdade, acho que todo mundo sabia que isso acontecia.

Tive amigos que se contaminaram com Aids, alguns morreram, alguns estão vivos, em situação precária porque são pobres, mas aí a culpa é dos viados.

— E você veio...

— Quando cheguei ele há havia arranjado um emprego de segurança num estúdio de cinema e uma vaga num curso profissionalizante de mecânica. Não gosto muito de estudar, mas me esforcei e mesmo assim não consegui terminar o curso. Do trabalho eu gostei muito, fiz muitos amigos e me envolvi na área de entretenimento, produção de eventos, esse tipo de coisa. Faço isso até hoje.

— E morava no quarto de hospedes?

— Claro, eu era um filho.

— Louco! Não havia contestação, desconfianças?

— Ah sim, houve! Aí a casa caiu.

— Verdade?

— Os parentes deles começaram a desconfiar, os que moravam em Oaxaca começaram a investigar por lá, e ele criava estórias mirabolantes, mas o cerco foi se fechando, cada dia ficava mais inverossímil a situação, principalmente para mim que estava dentro da casa deles. Começaram a me hostilizar e eu resolvi sair de casa.

— E tua família?

— Eu abri o jogo, não dava para esconder. Eu tinha pai e mãe, não poderia negar isso. Na verdade, foi uma coisa acertada o que fiz. No princípio foi horrível, eles não aceitaram, mas com o tempo tudo se normalizou e hoje todos me adoram, sem reservas.

— E você já tinha condições de sair de casa?

— Um pouco, mas não havia mais condições de sustentar aquela situação. O trabalho me pagava o suficiente para me manter, já fazia uns trabalhos extras, poderia alugar um quarto, mas ele resolveu a situação alugando uma casa em Xochimilco, no subúrbio, um pouco distante, mas bem confortável e mais barata do que em outras regiões da cidade.

Ele me visitava todos os dias, levava coisas, me ajudava com tudo.

— Esse cara te adorava.

— Acho que sim.

— Ninguém faz isso!

— Ele fazia por mim.

— E depois?

— Não havia se passado nem dois meses e ele chegou para ficar definitivamente, saiu de casa, assumiu tudo para todos e me disse "vim pra ficar com você." E ficou.

Houve um rebuliço enorme na família dele, depois viram que não havia o que fazer, se acalmaram e depois silenciaram. Devem ter se acostumado, como acontece quando não nos submetemos. Ele foi irredutível e não negociou. E assim ficamos juntos por mais de 20 anos.

— 20 anos!

— Quase.

— Que louco, mas também bonito!

— Foi natural, ele investiu em mim, acreditava. Nunca gostei de estudar, mas nunca me intimidei com trabalho, o que vier eu encaro, posso fazer trabalho de pedreiro, encanador, segurança, eletricistas, jardineiro, cuidador, babá, palhaço, ator ou produtor. O que for.

— Disposto você! Mas o que você faz atualmente?

— Tenho uma empresa de produção, contrato e agencio artistas de várias áreas. Represento muita gente boa. Acho que consegui isso porque ele acreditou em mim, investiu e nunca me cobrou nada.

— Realmente, é uma "História" mesmo.

— Vocês ainda estão juntos?

— Ele faleceu.

— Sinto muito!

— Não mais do que eu.

— Sei...

— Ele já estava cansado, os problemas de saúde se intensificaram e por fim o diabetes resumiu tudo com muito sofrimento.

— Imagino a tristeza.

— Eu parei tudo para cuidar dele, precisava retribuir tudo que ele fez por mim. Era o mínimo que eu poderia fazer.

— Generosidade tua.

— Não vejo assim, era o que me cabia fazer, era o justo.

— Muitos não agem assim.

— Eu ajo.

— Então eu estou orgulhoso de te conhecer.

— Grato.

— E depois que morreu?

— Ele quis se casar comigo antes de morrer, assim me tornei uma viúva, herdei os bens dele, seguro e outras coisas. Mais até do que era direito. Dividi com a família dele o que senti que era justo.

— Há tempos que isso aconteceu?

— Uns cinco anos.

— E tu ainda está só?

— Por enquanto estou. Mas a noite só está começando, não é verdade?

Dia 03: 05/05/16

Cidade do México (DF), Cholula e Puebla

A qualidade do ar na cidade está horrível, temos a sensação de sufocamento que às vezes se pode sentir devido à poluição ou mesmo por falta de ar nos pulmões, a angústia de buscar o alívio da respiração. Ao mergulhar em águas mais profundas, segurando o ar até vir à tona, temendo não emergir e voltar ao ar livre.

Por ser tão instintivo, acho que nem nos damos conta da essencialidade dessa função tão vital. Senti a importância da qualidade do ar durante uma viagem para Campinas, num final de tarde em que a poluição era tão intensa que parecia haver uma névoa pairando sobre a cidade, como se o ar tivesse volume, quase palpável. A minha respiração ficou curta, como se o ar que chegava aos pulmões não fosse suficiente.

Sempre fui suscetível às gripes, tendo que respirar pela boca devido ao congestionamento nasal, sofrendo durante dias devido à dificuldade de respirar plenamente. Tive um alívio após uma cirurgia que retirou uns pólipos e que reduziu bastante a minha rinite alérgica, além de me vacinar anualmente como prevenção às gripes. Isso melhorou consideravelmente minha qualidade de vida, afastando a sensação de desespero por ter falta de ar.

Em um filme que já assisti, vi cenas terríveis explorando o sufocamento, mas gosto particularmente da cena em que Daryl Hanna é enterrada viva em Kill Bill, criada com requinte por Quentin Tarantino, tanto que pude sentir a claustrofobia que antecederia o sufocamento por falta de oxigênio dentro daquele caixão.

É um tipo de angústia que me impede de mergulhar com snorkel. Já tentei algumas vezes, mas sempre vem o desespero e a certeza de que vou parar de respirar. Em Galápagos perdi a chance de ver o paraíso submarino que existe lá por conta dessa fobia.

Por ter crescido em cidades do interior me acostumei com o ar puro, mas fumei por muitos anos e perdi um pouco a sensibilidade para diferenciar alguns aromas, principalmente os mais sutis, como numa degustação de vinhos ou nos perfumes de flores delicadas, mas não perdi a capacidade de sentir as mudanças na qualidade do ar quando estou em grandes centros urbanos como aqui.

Talvez, se eu fosse um esperançoso e crédulo, acreditaria que Deus me recompensara antes de eu fazer a promessa; o meu roteiro de hoje foi feito por caminhos de penitentes e fiéis, de proximidade ao divino e ao imponderável, por isso o sacrifício valeu a pena, a primeira notícia de meu dia hoje foi que Cunha havia caído, o #fora-cunha não era só uma hashtag.

Feliz, saí para conhecer Cholula e Puebla, duas cidades em uma, que detêm um número impressionante de igrejas católicas, mas que ironicamente estão ligadas ao massacre dos nativos promovido pelos espanhóis. Cholula era uma importante cidade do império Asteca, e o dito popular, nos dias atuais, é de que há uma igreja para cada dia do ano (conheço uma cidade com esse epíteto); em verdade existe por volta de 50 igrejas, a origem do dito é que na antiga cidade Asteca havia 365 pirâmides de barro que foram destruídas após a conquista pelos espanhóis e, como de costume, foram construídas igrejas sobre elas. Nem todas foram destruídas e nem todas se tornaram igrejas. A maior pirâmide em volume do mundo sobreviveu, ainda está lá com um santuário católico em seu topo. A pirâmide possui mais de 400 metros de lado e uma escadaria de expiar todos os seus pecados até o santuário, mas vi uns centenários subindo, devagar e sempre avante. E eu claudicando!

Os mexicanos são muito cuidadosos com seus filhos, mas há em mim um sentimento paradoxal em relação às crianças, tenho uma cruel relação de amor e ódio com elas. Amo a infância, a despreocupação que lhe é natural, as descobertas do mundo que os cercam. Às vezes me perco observando-as brincarem, sozinhas, com seus pais ou outras crianças, fico embevecido com pais infantilizados com seus bebês. Amo perceber o encantamento das pequenas descobertas que vão construir o seu referencial de experiências e que moldam a sua percepção de mundo. Elas me emocionam por sua naturalidade e espontaneidade. Juro que ainda me surpreendo por suas perguntas e atitudes inusitadas.

Mas odeio crianças mimadas, criadas como se fossem príncipes ou princesas, herdeiros de um reinado em que só cabem eles, seus pais os consideram gênios, a especialização e salvação do gênero humano, o suprassumo da raça. Vomito em crianças precocemente erotizadas, apesar de sua inocência, servindo para alimentar os desejos de pedófilos, isso sob os olhos zelosos dos pais. Tenho pavor desses concursos de pequenas misses! Já vi num programa de TV peruano um garotinho de uns sete anos vestido e dançando como um *gogo boy*. Tenho vontade de matar crianças falando anasaladamente, como adultos que dublam crianças em filmes da TV. Tenho verdadeiro pavor de crianças correndo e gritando em bares e restaurantes como se estivessem num playground. Tremo na base ao ouvir gritos histéricos de crianças que parecem estar sendo estupradas ou degoladas em algum ritual satânico e, acima de tudo, abomino crianças mal-educadas, que dão *piti* em público, gritando e se debatendo como se estivessem acometidas de epilepsia. Dá vontade de matar, achando Herodes natural.

No entanto, sou o mais velho dos filhos de meu pai, cresci vendo todos os meus irmãos como crianças menores, com o olhar de irmão, o que vai do amor ao ódio a todo instante como acontece entre irmãos, até que em determinado momento essa relação se transforma em algo mais transcendental, uma percepção da ligação imaterial que independe de lógica. Diriam que é o sangue, percebo que há com certeza algo mais espiritual e cósmico, parte de nossa missão na terra ou a maturidade. Não acredito que seria um bom pai, a paternidade exige uma dedicação que não descubro em mim, prefiro observar os meus sobrinhos, os filhos dos amigos a distância. Às vezes me divertindo, às vezes me irritando, muitas vezes aprendendo e sempre compreendendo que isso tudo faz parte do grande mistério da vida, uma parte da pergunta essencial e que não sei a resposta: por quê?

Em Cholula visitei uma igreja que pode ser considerada uma das mais originais e bonitas que já vi, a Santa Maria Tonanzintla; a decoração interior é composta por mais de cinco mil máscaras de querubins, profetas e apóstolos, confeccionadas com gesso e argila, com o colorido mexicano mesclado com o ouro e o rebuscamento do barroco. Por mais que eu tente, não seria possível descrever uma coisa que vai direto aos sentidos. Num espaço pequeno construíram o imensurável, belíssima!

Cholula é mais mexicana e Puebla, no centro histórico, é essencialmente espanhola, o traçado planejado a partir do Zocálo (praça maior), os belos casarões com pátio interno e varandas nas janelas, muito bem conservados. Dentre todas as construções a Catedral é soberana, impressionantemente decorada, bem superlativa, esculturas, pinturas, entalhes, retábulos, altares e um baldaquino que achei mais bonito que o do Vaticano. Ela é dedicada aos anjos (Puebla de los Angeles).

E finalizei o caminho de fé conhecendo a múmia de São Sebastião Aparício, ele morreu nos idos de 1600, seu corpo não se decompôs e hoje repousa numa cripta de cristal, seu rosto parece feito de cera, mas a expressão é impressionante.

Hoje também foi dia de quitutes, antojos, como se diz aqui, provei uns *chapulines*, os grilos assados que se vendem nas ruas, não me contive e comi uns, e até agora não me convenci de que não comi algo como uma barata ou uma aranha, ou seja, um inseto, independentemente do sabor, que além de tudo não era agradável. Para compensar provei uma nevera de pinhon, um sorvete local feito com um fruto nativo, muito bom. No almoço foi servido um bufê em que não ofertaram as coisas de sempre, burritos, tapas etc., mas tinha carne de boi, porco, carneiro e frango preparados com molhos saborosos e até o polo poblano, que é feito com mole poblano (gentílico de Puebla); mole é um tipo de creme que serve de molho e o poblano é elaborado à base de chocolate e amêndoas secas, e são particularmente saborosos. Espero que em Oaxaca posso provar o que Lilla Downs canta em sua canção.

O passeio de hoje foi particularmente bom, fui com um grupo muito legal, uma chilena, um casal, uma professora de Guadalajara e outra professora aposentada de Jalisco, além de dois rapazes descendentes de mexicanos que moram em Washington. Tivemos uma boa integração e ainda me deram dicas sobre Guadalajara.

Ao visitar lugares como os de hoje, agradeço ao encanto que os livros despertaram em mim desde que os descobri na primeira escola que frequentei, e avancei maravilhado na experiência de decifrar o significado dos caracteres que preenchiam suas páginas. Tornei-me um leitor compulsivo e voraz. Desde então, leio o que está ao meu alcance, revistas, jornais, quadrinhos e livros. No início me maravilhei com os personagens da Disney, Tio Patinhas, Mickey, Pato Donald e tantos outros como os heróis da Marvel e da DC, com a Turma da Mônica. Colecionei muitos Gibis, e li também os personagens de origem europeia como Bolinha, Riquinho e Luluzinha.

Depois avancei para os textos sem imagens, usando a imaginação para dar vida e forma aos personagens e aos locais descritos.

Fui muito estimulado por meu avô, que adorava ler e me mostrou o primeiro livro que li, *A Estória do Soldado Verde*, um livro infantil, que terminei rapidamente. Ele percebeu o meu interesse e me deu um volume imenso com a biografia de Carlos Magno, o rei francês. E naquele verão tive a maior descoberta de minha vida, a revelação do universo guardado nos livros. Meu avô se divertiu muito acompanhando as minhas descobertas nas leituras.

Já perdi a conta de quantos livros li. Gosto de tê-los ao meu alcance, leio de tudo e sem preconceitos, apesar de não ter simpatia por livros de autoajuda e de Paulo Coelho. Ler alguns autores como Mia Couto, Agualusa e Valter Hugo Mãe foi como ter uma revelação, um novo retorno aos autores de língua portuguesa, depois de ter lido há muito tempo o Eça de Queiroz e Fernando Pessoa.

Também leio muito autores latinos como Borges, Cortázar, Padura, Vargas Llosa e Gabriel Garcia Márquez; no Brasil passei por Jorge Amado, Verissimo, Leminski, Clarice, Chico Buarque e tantos outros mais. São tantos os autores, tantos textos, tantas sensações que ainda embalam meus momentos de solidão, conduzem-me a momentos de alegria ou de tristeza de acordo com suas narrativas.

Sei que até nos últimos momentos de minha vida vou procurar estar próximo ao alento de um livro. No texto *Memórias e Minhas Putas Tristes* de Gabriel Garcia Márquez, o protagonista centenário quer comemorar o seu aniversário tirando a virgindade de uma garotinha. Se eu fizer cem anos, quero comemorar relendo alguns textos maravilhosos que li em minha vida (se a visão permitir).

Os nomes das cidades são complicados para quem não é daqui porque eles usam as consoantes em combinações estranhas, principalmente o X, Z e T; tente falar QUETZALCÓATL, quando preciso digo que é a serpente emplumada dos Astecas, e hoje vi uma placa com esse nome de cidade: XOXTLA, nem imagino a pronúncia.

A cidade é dividida por zonas identificadas por cores, coincidentemente na Rosa é onde há o maior movimento gay, bares, boates e lugares de pegação. É onde se vê casais homossexuais desfilando sem problemas. E também onde as travestis fazem a vida. Lembrei-me de um trecho de um livro de Bukowsky em que ele descreve um local onde se reúnem travestis velhas e em fim de carreira; cruelmente ele analisa que a sorte de alguns é que não fizeram a mudança de sexo, pois perderiam a chance de ser homens e nunca seriam uma mulher.

Não sei se concordo com ele, mas as travestis me incomodam pelo exagero ao acentuar as características mais fúteis do sexo feminino, as que menos admiro. Gosto quando fazem shows de dublagem e se esmeram em imitar as divas da música, algumas com belas performances, outras nem tanto. Já as caricatas não me divertem e até me irritam quando tentam ridicularizar a plateia, acho deprimente.

Quando morava em Bonfim conheci dois garotos que bem novos se mudaram para Salvador e se assumiram travestis muito talentosas e uma delas trabalhou como estilista e chegou a morar na Itália, mas infelizmente se contaminou e morreu. Tenho uma recordação deliciosa dela escandalizando no Carnaval da Praça Castro Alves, toda montada e namorando uma sapatão ciumenta, que não deixava ninguém se aproximar dela.

O outro era um garoto bonito e mais louco, batalhava no centro da cidade, com pedaços de gilete escondidos sob a língua. Encontrava-o quando saía tarde do trabalho, na Praça Municipal ou na Carlos Gomes. Ele me contava sobre seus programas, as roubadas que entrava e sobre os desejos e taras da clientela. Ele estava sempre com um pente imenso que passava pelos belos cabelos louros que ele ostentava, para o ódio das outras travestis; ao provocarem-no, ele penteava os cabelos, jogava-os para o alto e gritava "natural, viu viado!". O pente também servia para aterrorizar os clientes que não queriam pagar o programa, ele ameaçava cortar os pulsos com ele.

Lembro-me também do sucesso que Roberta Close fez, sua beleza feminina foi aceita pela família brasileira. Havia a Rogéria, mais antiga e talentosa, mas não tão bonita. Num carnaval em Ipanema, a Roberta ficou ao meu lado vendo a banda passar, foi meio decepcionante, pois não a achei tão bonita como nas revistas. Hoje vejo figuras trans mais interessantes, politizadas e militantes, com uma mensagem que as afasta da vulgaridade, da prostituição ou da mera imitação da imagem feminina, mas são reconhecidas como pessoas que lutam por uma causa, por seu espaço de direito, sem se envergonharem de suas escolhas.

Hora de dormir, amanhã sigo para Guadalajara.

Dia 04: 06/05/16

Cidade do México (DF), Toluca e Guadalajara

Acreditava que seria um dia de traslado, mas o inesperado sempre faz uma surpresa. Hoje acordei cedo porque meu voo para Guadalajara sairia de Toluca, um aeroporto regional que fica a 60 km da capital, então adiantei-me e fiz as conexões, taxi, metrô, ônibus, taxi e avião. Depois disso tudo desembarquei no início da tarde em Guadalajara com uma recepção digna de nordestino, termômetros marcando 30°, e sensação térmica de 50º. Antessala do inferno, e o hotel no qual estou chama-se Fênix, tudo a ver, principalmente quando a senha tem o número 100 em comemoração ao centenário do espaço. Mas o quarto é ótimo, maior do que o meu apartamento, acredito que há um século as pessoas não se permitiriam dormir no Íbis (é uma ave menor mesmo). A cama parece uma quadra de vôlei.

Então, após esperar um refresco do calor da tarde, segui a explorar a cidade. Mais um fantástico centro histórico, já conheci tantos que nem posso contar, mas nunca perdi o fascínio por esses espaços preservados, um pouco do retalho da história que ficou de presente aos contemporâneos. Quanto passado há nesses pisos, quantas memórias guardam essas janelas. É que as vidas, ínfimas, passam, o imaterial permanece como uma testemunha cruel da nossa insignificância perante a história.

E Guadalajara preservou tanto isso, a estrutura em cruz das principais instituições da germinal cidade está intacta. A partir da belíssima catedral (mais uma) formam uma cruz de belos prédios e praças, que hoje estavam completamente tomados por um povo bem vibrante, a característica espanhola de saírem os bandos de familiares e invadirem as ruas, no final da tarde e adentrando a noite, com suas crianças, amantes, namorados, ou simplesmente sair e aproveitar sua cidade. E hoje é sexta, o Teatro Degollado está cercado por formandos da universidade local e mais além há um espaço lindíssimo, o Instituto Cultural Cabañas, com esculturas surrealistas na praça, e convida a todos para participarem de uma programação bem interessante, e o cine clube leva o nome do Guillermo Del Toro!

Havia apresentação de fanfarras escolares no pátio do centro cultural, assisti prazerosamente, lembrando-me de que nasci numa família em que os dons musicais são ausentes, um coral de anfíbios numa lagoa ao luar é mais harmonioso que nós. Amo a música e não sobrevivo sem ela, mas espero que nunca tenha o desgosto de me ouvir cantando.

E se torna pior quando a questão for o ritmo, acho que não tenho nem para bater punheta. Tentei aprender violão, sabia posicionar as notas, entendia a música, mas não conseguia conciliar com o dedilhar. Percebo que essa falha também atinge os meus irmãos, como uma característica genética; as minhas irmãs são mais comedidas e nem se atrevem a tentar demonstrar talentos, mas meus irmãos são tão sem noção que ainda insistem em atormentar os incautos ouvintes com suas demonstrações musicais.

No colegial, sonhei em tocar na fanfarra do colégio no desfile de 7 de setembro, fiz a inscrição e tentei aprender a tocar um dos instrumentos disponíveis, tambor, bumbo, caixa, tarol, corneta e até o prato, sem sucesso! Ao final, desfilei num carro alegórico fantasiado do soldado que matou Joana Angélica, com direito a baioneta e tudo mais. Ao menos não assassinei o ritmo da banda.

Em duas horas, sem pressa, conheci a Plaza de Armas, a Plaza Guadalajara, Rotonda de los Jaliscienses Ilustres e Plaza de los Três Poderes, todos os braços da cruz.

Apesar de parecer repetitivo, me encanta explorar esses espaços, me surpreender com algum detalhe, que antigamente era tão caro ao construtor e que hoje já não é relevante. Não sou saudosista, cada coisa se justifica considerando seu próprio uso ou apropriação e por isso acredito na convivência pacífica, sem sublimação do outro.

Depois disso tudo, a caipora me pegou e completamente perdido precisei acessar o GPS do meu celular para conseguir voltar ao hotel; imperícia ou tudo se justifica no seu próprio uso?

Aqui as igrejas também são essenciais, construções que não canso de apreciar: a dramaticidade das imagens, detalhes de sofrimento ou de esplendor para manter acesa a crença e a mística da fé. São tantas que desconfio que há algumas que nem fiéis mais têm, nomes estranhíssimos, e olha que nem relacionei os mártires que também têm seus espaços garantidos. Fico tocado quando vejo um devoto genuflexo, em pleno êxtase, no ato da devoção. Queria ser assim, ter esse fervor. Graças a Deus não fui provido!

Saí à noite para relaxar e percebi que aqui a música soa por todos os lugares. Seguindo o som, subi as escadas de um restaurante dancing, familiar. A música estava muito boa, mas havia um controle de entradas, casais e damas tinham acesso livre, cavalheiros desacompanhados aguardavam numa fila, fui embora, estava de havaianas.

Numa das praças havia vendedores de cartões e postais, fiquei algum tempo admirando. Sou do tempo em que se escreviam cartas, o tempo de noticiar e receber notícias com o ritual de escrever à mão, dobrá-las cuidadosamente e colocá-las em envelopes; os mais antigos tinham um selo com a expressão "via aérea par avion", que até hoje não sei qual era o sentido.

Não me lembro da primeira carta que enviei a alguém, mas tenho na memória a recordação de minha mãe contando que sonhava conhecer Brasília por conta da primeira carta que recebeu na vida: era um convite de Juscelino Kubistchek para ela ir morar lá por conta da inauguração da cidade.

Escrevi muitas cartas para a família quando me mudei para Salvador; correspondi-me com amigos e enviei muitos cartões de Natal, antes dos e-mails e das redes sociais. Escrever uma carta hoje me soa anacrônico, algo de um passado distante.

Adorava comprar cartões de Natal e de aniversário, gastava bastante tempo nas livrarias selecionando-os com muito cuidado, procurando adequar à personalidade de quem o receberia. Esmerando na mensagem e na imagem impressa, personalizando com os meus votos de paz e felicidade.

Desesperado por uma cerveja, refiz toda a cruz que explorei na tarde até achar um lugar com um monte de cantantes *en vivo*, mas só achei espaço na área interna e a cantora era demais, tipo Waldick Soriano e Claudia Barroso ocupando o mesmo corpo. Perguntou qual a minha origem, elogiou o Brasil e pediu para eu solicitar uma canção, pedi La Llorona, que ela sabia, mas não estava preparada, então cantou Cucucurucu Paloma, e depois ainda engatou uma da Chavela Vargas, e antes de ir ainda ouvi Fallastes Corazón e umas rancheras ótimas.

E era só o dia de chegada, quase fico no bar!

Dia 05: 07/05/16

Guadalajara, Chapala, Jocotepec

    Depois de tanto navegar em áreas urbanas, chegou a hora de ir ver um pouco da natureza do México. Ocasionalmente, meu primeiro contato foi com o Lago de Chapala, que fica a 40 km de Guadalajara: quase cem quilômetros de extensão por 20 quilômetros de largura, é um dos maiores lagos das Américas.

    Estava tudo bem até o instante em que a van parou em frente a um haras imenso. Naquele momento, fui informado de que o ápice da excursão iria acontecer e teríamos o privilégio de conhecer o haras de Vicente Fernández, o Roberto Carlos daqui. Eu não tinha a menor ideia de quem era o famoso sujeito — "Ahhhhh, como não? Todo mundo conhece Vicente Fernández". Sorri amarelo — "é que no Brasil não ouvimos muito músicos espanhóis". Os portões fechados estavam contendo um grupo que aumentava a cada momento. Eu estava achando que era uma roubada imensa, mas os fãs começaram a me atualizar, tinha gente com CDs, músicas nos celulares, contaram sua biografia, do quanto era humilde, receptivo e querido do povo mexicano e que agora já estava muito velho e não fazia mais shows, mas no seu auge não parava de cantar enquanto houvesse aplausos. Eu: "Ohhhhhh! Vou procurar conhecê-lo". Mais tarde tive oportunidade de assistir a um DVD dele no restaurante onde almocei e acho que já o vi antes, ele faz a linha do mexicano caracterizado, cara de galã latino sedutor, roupas típicas, canções de mariachis. Um clássico, e ainda canta Cruz de Olvido. Adorei.

    Voltando ao portão do haras, depois de um tempão esperando sob um sol inclemente, eles foram abertos e a legião de fãs avançou pelos espaços liberados à visitação, para mim a coisa mais sem graça desse mundo, uma baia imensa cheia de lindos pôneis, centenas. Mas adiante, cavalariças com poderosos alazões que segundo consta são caríssimos. Eu quase morro sufocado com o cheiro do lugar, mas os ensandecidos estavam fazendo *selfies* com os cavalos! E ainda havia uma imensa arena para eventos equestres. Um horror! Quase duas horas nesse tormento e o povo resistindo a ir embora, foram praticamente expulsos porque já havia outro grupo esperando nos portões.

No haras havia muitos pássaros na área verde, e eles sempre exerceram um verdadeiro fascínio em mim. Hoje o encantamento reside em observá-los, sou um *voyeur* respeitoso, embora quando criança (e até um pouco depois) amava possuir pássaros, dizia "criar", um eufemismo para privá-los da liberdade, e assim criei canários e periquitos, meu irmão "criava" pássaros pretos, bigodes, canários e todo o tipo de vítimas que caíam na mão dele, que eram devidamente engaiolados, e se fossem raros, negociados e até devorados por ele (às vezes com a cumplicidade de minha irmã do meio). Ele era um predador feroz de pássaros e de outros animais. Usava badogue para caçá-los, armadilhas para capturá-los vivos, mas, se fossem canários sobreviviam, se não eram executados e tornavam-se petisco na panela.

Achava natural, os dias eram assim, mas depois comecei a ver os pássaros como seres belos e livres e, contraditoriamente, queria mantê-los próximos a mim, vivos. Na feira livre de Bonfim eram negociados livremente sem repressão, ainda não havia a proteção que hoje existe, então a garotada e até os adultos negociavam na base da compra ou da troca de acordo com a cotação dos pássaros; havia os mais raros e caros como sabiás e pássaro pretos, famosos por seu canto. Eu sonhava com um papagaio, mas eles eram caros e muito cobiçados, eram criados como um membro querido da família e adorados por todos. Nas casas de meus avós e tios existiram papagaios históricos, lembrados até hoje por todos que conviveram com eles, principalmente por causa da inteligência e longevidade deles. Houve um, de minha tia, que desenvolveu um ódio mortal por mim, devido à minha insistência em chamar a atenção dele, puxando as penas do seu rabo. Conheci-o bem criança, e mesmo com o passar do tempo, vendo-o só uma vez por ano, ele me reconhecia e se enfurecia com minha presença.

Como não pude ter um papagaio, desenvolvi uma grande paixão por periquitos. Há muitos tipos, os pequenos chamados de São José, outros maiores, os de Guirra e até os Maracanãs, grandes como papagaios. Meus prediletos são os de Guirra, e "criei" vários deles durante minha vida. Comprava os filhotinhos (ô maldade!), sem penas e alimentava-os com uma papa de farinha com leite até ficarem grandes, empenados. Quando estavam na fase de aprenderem a voar eu cortava as penas das asas para eles não fugirem; hoje percebo como eram cruéis esses procedimentos e me arrependo muito. Eles viviam como bípedes, andando pela casa e fatalmente terminavam esmagados sob os pés de algum adulto distraído ou viravam petiscos para os gatos que apareciam no quintal.

Quando adulto caí na real e abandonei esses procedimentos, o último periquito que "criei" ainda vive, está na casa de mãe em Bonfim, existe há mais de 20 anos, me reconhece quando me aproximo da gaiola e o saúdo com um "priquitinho rico", ele fica indócil e responde com piados lindos.

Finalmente chegamos à cidade de Chapala, que fica na orla do lago, não é muito grande, possui um pequeno malecon (calçadão na orla) e um pequeno mercado de artesanato bem legal, com coisas bonitas e baratas. Sofri muito por não poder levar nada, já que por opção minha bagagem não poderia chegar a dez quilos, estou só com uma mochila pequena e uma de mão com os eletrônicos e guias, e ainda assim comprei uma guayabera pensando em dispensar uma camisa, se não tivesse opção, mas ainda coube. O grupo que estava comigo era bem simpático, duas costa-ricenses novinhas e bem divertidas, outra garota com sua mãe idosa, um casal bem tranquilo e um casal de idosos com seus filhos comemorando o aniversário da mãe. Muitos gentis e hospitaleiros, curtiram muito comigo porque acham que brasileiros pronunciam o y de palavras como Coyoacán engraçado ou o J como em Jocotepec. Já sabia que isso acontecia, os fonemas são bem distintos entre o português e o espanhol deles. Foi legal porque descontraiu o clima e eles me deram muita atenção. Isso porque noto que eles falam diferente do povo do DF, falam rápido e arranham nos erres.

Depois das compras, fizemos um passeio de lancha bem tranquilo pelo lago, até achei que era poluído devido à quantidade de garrafas plásticas que boiavam, mas o guia explicou que eram usadas como boias para segurar redes de pesca. A paisagem aqui é muito cinza, nem se vê céu azul, no lago foi um pouco melhor, mas não é exuberante porque a água também é quase cinza, como tudo ao redor. Há muitos pássaros aquáticos, e um bem grande que chamam de cachorro d'água, parecido com um pelicano pequeno.

O almoço foi num restaurante de mariscos, comida farta e barata, juntei-me à família e dividi uma mariscada deliciosa e muito em conta, a diferença é que aqui ela é grelhada e feita com peixes e vários tipos de camarões. Ainda fiz degustação de pimentas, havia uma tão violenta que uma gotinha quase acaba com o meu dia. O povo empolgou-se e o pai abriu uma tequila envelhecida e me fez tomar um cavallito, como eles chamam aqueles copinhos cilíndricos, e ensinaram como beber sem arranhar a garganta, fui comedido porque não gosto de me empolgar com destilados.

    De volta à cidade resolvi trocar a tela do meu celular que está trincado. Há um mercado de tecnologia próximo ao hotel com muitas lojas que fazem o reparo, achei uma que fazia pela metade do preço que eu esperava, só que já eram quase sete horas e a loja fechava às oito, disseram que em uma hora estava pronto, fui dar uma volta pra fazer hora, quando resolvi voltar, a caipora me pegou e eu fiquei desorientado naquelas ruas, pois, para mim, eram todas iguais. Desesperei-me, amanhã será domingo e parto para Acapulco no fim da tarde; já ficando louco, abordei um táxi, o motorista me disse "mas é ali do outro lado", e eu "pago a mais", e ele "cem pesos?", e eu "claro!". Saímos pelas ruas que estavam engarrafadas, todos os sinais vermelhos fecharam na nossa frente, e eu já estava quase em prantos quando ele chegou na loja. E o celular não pôde ser reparado porque precisavam de mais tempo. Ao menos ainda estou com ele.

    Descobri que na TV do quarto havia um canal de filmes pornôs, mas não são exatamente a minha preferência cinematográfica, não me sinto bem vendo jorros de esperma esparramando sobre corpos e telas de TV. Ainda guardo na memória a sensação que senti na primeira vez que ejaculei: estava por volta dos 12 anos de idade, sentindo todo o calor que a revolução hormonal ocasionava no meu corpo, cheio de curiosidade, ereções inoportunas e pentelhos que escureciam minha virilha. Também apareceram umas incômodas "pedras do peito" que criam peitinhos de meninas nos meninos, motivo de vergonha e ao mesmo tempo de orgulho por sinalizar que estamos nos tornando homens.

    O nosso aprendizado na área sexual provinha de uma tradição oral, contada pelos mais velhos e experientes, recheada de lendas, mitos e muitos equívocos, mas que para os garotos de minha idade eram verdades incontestes. Não nos atrevíamos a perguntar aos nossos pais sobre o assunto, como se fosse algo sujo e pecaminoso, assim a verdade das ruas era a nossa Bíblia. Ouvíamos com devoção aos que já tinham iniciado a vida sexual deles, que criavam uma aura de heróis, e enchiam nossos ouvidos com suas incríveis performances sexuais com as primas, com as putas ou com as meninas "transeiras", e até mesmo com viados, e o que interessava era que eles tinham comido alguém. Que não eram virgens.

Também era uma época de exibicionismo, sempre havia alguém disposto a mostrar o pinto, comparar tamanhos e demonstrar virilidade, os "desmarcados", ou seja, acima da média, eram os mais invejados. Para completar vinha a pergunta — "tu já tens gala?", eu nem sabia o que significava isso, mas respondia que sim, para não parecer que era ignorante sobre o assunto. E todos os entendidos estavam por volta de 12 anos!

A excitação, as ereções já não eram como antigamente, sem sentido. Pareciam vir por conta de estímulos que eu ainda não identificava direito, violentamente, não percebia claramente o desejo, mas já não era uma reação orgânica e sim uma reação impulsiva dos hormônios que minhas glândulas secretavam.

Ainda sem ter a completa noção do ato, a masturbação entrou na minha rotina, uma manipulação ingênua e descontraída do meu pinto, somente pela sensação prazerosa que o toque me dava, sem ejaculação nem imaginação associadas.

Entre os colegas de turma do colégio havia um garoto bem mais velho que os demais, um cara legal e bem discreto, e foi ele quem esclareceu o que era aquilo que eu estava fazendo: ele me disse o que era "bater uma punheta". A explicação me fez avançar um nível, acrescentei a imaginação e o objetivo ao ato. Passei a imaginar que estava trepando com alguém. Batendo "na intenção" das meninas bonitas da sala, como deveria ser o rito, e continuar até gozar sim, até saber o que era a gala, o final da masturbação.

Quando cheguei em casa, fui correndo ao banheiro, seguindo as instruções, em pé diante do vaso sanitário, imaginei a trepada e gozei... Estremeci, as pernas bambearam e senti uma corrente elétrica percorrer o corpo, quase caí, só então vi em minha mão a secreção, a gala, o esperma de minha primeira ejaculação.

Dia 06: 08/02/16

Guadalajara, Tequila, Cidade do México e Acapulco

Digamos que hoje fiz um roteiro educativo, mas com um pouco de hedonismo, é claro. Fui a Tequila, a cidade que deu o nome ao produto, para conhecer o processo de produção, desde a plantação do agave azul até chegar ao produto final e suas variações. A cidade fica a 60 km de Guadalajara e tem um clima muito árido e quente, calor abrasador mesmo, mas o adjetivo pitoresco é o que melhor a descreve, ruas estreitas, casas coloridas, casarões coloniais e muitas, muitas mesmo, destilarias de tequila. Toda a economia gira em torno desse produto, do trabalho na plantação, na colheita e tudo o mais que envolve o processo, da fabricação de barris até a distribuição. A cidade parece aquelas cidades mexicanas retratadas em filmes estadunidenses.

Conheci a destilaria Sauza, muito cotada por produzir boa tequila (aqui tequila é masculino) e ter um processo de alta qualidade de produção. O tour é bem didático, nos levam a uma plantação, mostram as variedades e diferenças entre agave e cactos, mostram como se planta a partir de brotos e como é feita a colheita oito anos após o plantio. Eles desbastam as folhas e sobra só uma bola que chamam de *piña*, e é no coração dele que se gera o líquido que será fermentado. Esse processo não pode ser mecanizado porque cada planta tem características próprias e somente o olhar humano determina qual deve ser o tipo de corte. Imagine trabalhar naquele calor num serviço completamente braçal! Mas é o que gera o emprego.

Na fábrica já não vemos seres humanos, completamente automatizados, humanos só para controle e manutenção.

No trajeto degustamos desde o suco do agave (parece melado de cana), até a segunda degustação de tequila com 65% vol e uma anejo chamada Três Generaciones, escandalosamente deliciosa.

Dizem que os indígenas descobriram como fazer a tequila após um raio incendiar uma plantação de agave e desencadear a fermentação, eles provaram, se embriagaram, gostaram do que sentiram, e a partir daí é só a história e consumo.

Antes do almoço dei uma volta pela praça principal da cidade, olhando o artesanato e produtos típicos da região. Havia bancas com revistas antigas, e eu tenho fascínio por folhear esse tipo de revista, como *O Cruzeiro*, *Manchete* e *Fatos e Fotos*, as mais interessantes que já toquei, pelo seu tamanho, colorido e fotos em reportagens às vezes sem nada de interessante no conteúdo, mas que pareciam conter um filme que despertava minha imaginação quando as tinha em minhas mãos. Muita gente bonita do Brasil e do exterior, eternizados em colorido tecnicolor, e ainda não havia o conceito atual de celebridades, eram "os artistas", as estrelas ou locomotivas.

No limitado mundo de cidade do interior da Bahia em que vivia, sem total acesso à ainda incipiente televisão, era a chance de ter uma experiência imersiva ao viajar entre fotos e textos que abriam o universo para mim. Sentia a beleza por meio daquelas revistas, reconhecia as estrelas de cinema, percebia a virilidade dos atores, descortinava paisagens insuspeitas de países desconhecidos, sonhos e contos de fadas impressos em papel brilhante. Descobri o conto de fadas que Disney concretizou na Flórida, fotonovelas em preto e branco e em cores, com tramas que lembravam filmes. Histórias e estórias que relatavam o século XX me chegaram através dessas revistas e depois nos jornais.

Sempre parava em frente às bancas de revistas, devorando as capas das publicações expostas. Lia tudo que caía na minha mão, quadrinhos em gibis, fotonovelas em revistas femininas, semanários, fascículos colecionáveis, enfim, tudo que tinha palavras impressas.

Houve uma época que frequentei bibliotecas para ler revistas que eu não tinha como comprar, sempre considerei ler uma boa experiência, um prazer. Hoje sei que esse conteúdo que acumulei nessas leituras foi essencial para minha formação e minha visão atual, para a construção da base caótica de conhecimento que tenho e do qual, mesmo assim, me orgulho.

Almoçamos num pequeno mercado popular, do tipo que eu gosto, com cara de coisa dos nativos e sem frescura, queria comer alguma coisa num lugar assim já faz tempo, muito simples, com comida regional deliciosa. Comi uma carne assada a la tequila, acompanhava um arroz com um molho vermelho e um tipo de purê de feijão, muito deliciosos. Isso tudo acompanhado do som de músicos que tocavam e cantavam em troca de alguma gorjeta.

Eles fazem uns caldos de vísceras ou de bucho que chamam birria e é muito popular junto com a torta ahogada, que é um sanduíche de carne num pão francês inundado com o caldo, muito gostoso.

Os mexicanos que conheci foram extremamente gentis e atenciosos, espero não estar generalizando, mas me pareceu uma característica cultural. Só senti pesar porque vi muitas crianças nas ruas trabalhando, vendendo coisas nos sinais, nos bares ou pedindo. Ontem vi um garotinho muito pequenino com um violãozinho na frente da Catedral, ele achava que tocava, mas acho que ele tocava mais a gente. Parecia aqueles ratinhos mexicanos cantores do desenho do Pepe Legal, da dupla Hanna-Barbera.

Antes de partir ainda conheci o showroom da Jose Cuervo, sem dúvida o mais conhecido mundialmente. A "casona" é um espaço de demonstração e venda de produtos que vai desde cuecas até a tequila Reserva de La Família, a top de linha deles.

Hoje percebi como Guadalajara é grande, na verdade possui um milhão e meio de habitantes, como estava encastelado no centro parecia estar numa cidade colonial, mas ela é pulsante como grandes cidades são, e com todas as suas idiossincrasias, os grandes prédios, as áreas residências, os pobres e os ricos, o comércio e a indústria com seus metais.

Apesar de criticar o gosto arquitetônico dos mexicanos, tenho que confessar que qualquer pessoa que entrar em minha casa pode se incomodar com o exagero de objetos que espalho pelos aposentos. Vai perceber como o lúdico faz parte de mim, há muitos brinquedos me cercando e dezenas de todos os tipos de objetos, brinquedos de super-heróis e séries, livros, CDs e DVDs, reproduções de pinturas, máscaras, pratos, bonecas e lembranças de viagens, suspensos ou fixos pelas paredes, por onde a vista possa alcançar. Pode parecer alguma carência originada da infância, algum tipo de trauma, sei lá. Distante disso, minha infância foi repleta de diversão e brinquedos, não os mais desejados pelas crianças da época, mas os quais meus pais podiam me dar. As bolas, carrinhos e jogos de tabuleiro sempre estavam à disposição para mim e meus irmãos, as bonecas e os brinquedos de casinhas eram para as meninas, mas isso não impedia de brincar com elas, apesar das ironias dos outros garotos.

Aprendi a jogar damas, xadrez e gamão ainda garoto, também jogava cartas e dominó, e esses jogos nos aproximavam do meu avô paterno, que apesar de carrancudo, gostava de brincar com os netos em algumas noites após o jantar. Ainda hoje sou um jogador passável e não muito competitivo como antes.

O fato é que nunca perdi a atração por brinquedos, e até hoje me divirto em lojas onde eles são vendidos e sempre que posso passeio por elas vendo as novidades; sempre comprei brinquedos para meus irmãos e para os sobrinhos, pena que hoje só há um pequeno a quem posso presentear.

Que fique claro que não tenho complexo de Peter Pan e nem sou um tipo infantilizado que ainda brinca de carrinho, gosto de vê-los e tê-los ao alcance da mão. Do tempo em que o lúdico era parte de meu crescimento emocional, os brinquedos eram o meu passaporte para a criação de uma fantasia individual, com uma bola ou com um carrinho de bombeiros, cheio de detalhes realistas, mangueiras com água e escadas magirus, portas de acesso para criar mundos solitários onde a ordem era ditada pela minha imaginação, era o imperador e senhor da ordem vigente.

E ainda assim não fui uma criança solitária ou isolada, era muito sociável com os garotos que moravam no bairro ou com os colegas de escola, com muitos ainda convivo até hoje e somos amigos incondicionais.

A diferença de estar bem instalado em hotéis em zonas turísticas é que quando você se desloca para áreas onde quem mantém a cidade viva habita, vai sentir a estranheza da vida real de quem mora em estruturas frágeis sem a segurança que o business garante. Faz eu me lembrar do poeta "Pela varanda, flores tristes e baldias, como a alegria que não tem como encontrar...". E eles constroem. Nas habitações populares aqui no México, você vai encontrar uma arquitetura inacreditável, eles combinam um rosa choque chocante com um verde inadmissível em projetos delirantes que cabem em lotes de 10 x 15m: castelos medievais, templos gregos e bizantinos, palácios das mil e uma noites. Chocam! Principalmente se for virginiano como eu. Mas, ao mesmo tempo, emociona pelo que tem de sonho realizado por quem idealizou morar ali: "E aí me dá uma tristeza no meu peito, feito um despeito de não ter como lutar. E eu que não creio...".

E o restante do dia foi o percurso até Acapulco, onde cheguei já no fim da noite. Amanhã só aproveitar as águas do Pacífico.

Dia 07: 09/05/16

Acapulco (e só)

Justo o criador acreditava que descansaria hoje, mas o imponderável também faz suas graças. O texto inicial eu o fiz no meio da tarde, depois é a consequência.

Hoje foi o dia da graça, nada a fazer, sem pressa, só deleite. Desde ontem estou em Acapulco, a cidade era uma daquelas coisas de memórias adquiridas entre a infância e a adolescência quando assistia aos filmes da sessão da tarde na TV, e os de Elvis que eram audiência garantida para mim e toda a garotada que eu conhecia. Seus enredos ambientados entre as praias do Havaí e México despertavam a imaginação, sempre embalados com bons momentos musicais e cenários paradisíacos. Foi o principal motivo para essa escolha no meu roteiro nesta viagem.

Cheguei ontem tarde da noite, e me vi numa cidade diferente, o aeroporto está no alto, bem alto e abaixo vi uma baía em forma de ferradura, luzes de uma cidade em movimento, e até chegar à baía há uma interminável descida. Um caminho de inspiração.

A localização do meu hotel é fantástica, só que Acapulco é destino nacional, nunca vi tantos pirralhos juntos, ocupando todos os espaços do hotel, os pequenos em algazarra e correrias, outros nos jogos de adolescência. Uns namoram, uns comem, uns bebem, uns são meninos, uns são meninas e uns até já fumam maconha.

Acordei sem pressa, comi e fui andar pela praia, e, em tempos de real time soube da decisão do Maranhão, o impeachment de Dilma foi desqualificado, vi quando li esta notícia:

"Presidente interino da Câmara, Waldir Maranhão, anula processo de impeachment de Dilma

Waldir Maranhão, que substituiu Eduardo Cunha, cancela o processo de destituição da presidenta

Waldir Maranhão (PP-MA), o presidente interino da Câmara dos Deputados, anulou a tramitação do impeachment da presidenta

Dilma Rousseff na Casa. A decisão derruba as sessões de votação que ocorreram entre os dias 15 e 17 de abril e que deram andamento ao processo de impeachment. Foi a sessão do dia 17, presidida pelo hoje presidente afastado da Câmara, Eduardo Cunha, que validou a admissibilidade do processo de impeachment que se encontra no Senado. Apesar da reviravolta, que pegou de surpresa o país no final da manhã desta segunda-feira, o processo ainda será votado pelo plenário do Senado na quarta-feira, dia 11, por decisão do presidente da Casa, Renan Calheiros (PMDB-AL).

A ação de Maranhão pegou todos de surpresa: dos deputados da Câmara ao Palácio do Planalto. A informação chegou quando o ministro da Educação, Aloizio Mercadante, estava discursando durante um evento no Palácio do Planalto sobre a criação de novas universidades. No mesmo evento, Dilma comentou a decisão de Maranhão, mas ainda sem ter certeza da informação, pediu cautela às pessoas que acompanhavam o evento: 'vivemos conjuntura de manhas e artimanhas'.

Horas depois, Renan Calheiros decidiu ignorar a ação de Waldir Maranhão e manter para a quarta-feira a votação do processo de afastamento da presidenta no plenário da Casa. O senador classificou de 'intempestiva' a decisão do deputado e a chamou de uma 'brincadeira com a democracia'. Em entrevista convocada logo em seguida, o deputado reagiu. Disse que em nenhum momento brincou com a democracia e argumentou ter o intuito de 'corrigir vícios no processo'. 'Tenho consciência de como esse momento é delicado, o de salvar a democracia pelo debate', completou Maranhão.

Em comunicado divulgado à imprensa (leia íntegra aqui) no início da tarde, o presidente interino explicou que decidiu aceitar, em parte, ponderações contidas em petição da Advocacia-Geral da União que questiona a votação do processo de impeachment de Dilma na Câmara dos Deputados. O impeachment da presidenta foi aprovado por 367 votos contra 137.

Um dos motivos para a anulação do processo é que houve, segundo Maranhão, orientação da bancada para os votos, o que, em sua argumentação, fere a liberdade individual dos deputados. Além disso, o presidente interino aponta que os parlamentares não poderiam 'antes da conclusão da votação terem anunciado publicamente os seus votos, na medida em que isso caracteriza prejulgamento e clara ofensa ao amplo direito de defesa que está consagrado na Constituição'.

Maranhão também informou que para que sua decisão seja cumprida, um ofício foi encaminhado ao Presidente do Senado, Renan Calheiros (PMDB), para que os 'autos do processo de impeachment sejam devolvidos à Câmara dos Deputados'. Ele também determina que uma nova sessão seja realizada para deliberar sobre a matéria no prazo de 5 sessões contados a partir 'da data que em que o processo for devolvido pelo Senado'.

Na sexta-feira (6), o presidente interino da Câmara disse, segundo o jornal O Estado de S. Paulo, que as pessoas iriam se 'surpreender com ele'. Maranhão, que votou contra o processo de impeachment, é aliado do governador Flávio Dino (PC do B-MA), um dos principais apoiadores de Dilma. A relação próxima, especula-se, teria a ver com a decisão de Maranhão. O governador disse em seu Facebook que é natural que 'Waldir Maranhão, sendo do meu Estado, peça minha opinião sobre temas relevantes'. Dino ainda disse que juridicamente a decisão de Maranhão é 'centenas de vezes mais consistente do que o pedido do tal impeachment'".

(https://brasil.elpais.com/brasil/2016/05/09/politica/1462806517_854190.html)

Juro que me sentei e chorei, não pelo PT ou Dilma, chorei por nós, e mais ainda por mim. Nem sabia quem era o tal, mas a justificativa era tão óbvia que choca, li várias manifestações, análises, aplausos, apupos, e delírios, muitos. Independentemente se é mais uma manobra do Cão, o argumento para a defenestração é tão óbvio que choca, aquele bundalelê, xozinho da Xuxa que a claque do Cunha protagonizou não podia qualificar o pensamento do cidadão brasileiro. Imoral! Como aceitar um julgamento dito democrático com tantos vícios estabelecidos? Serviçal, vassalo da banca de negócios?

Descobri que há dignidade em saber de tua própria força. Não há superioridade, há submissão.

E não há justificativa para a superioridade,
Só sexualmente falando, mas aí é desejo.
Viva! Eu salgado de água do Pacífico,
E eu que nasci no Leste, Atlântico,

E agora em outro hemisfério me recomponho.
Viva a democracia e a História
Sempre!
E sim, com mais orgulho se pudemos ajudar a construí-las.
E viva o hedonismo!
E nada como duas Dos Equis para comemorar.

Não pensei em continuar o texto, mas mais uma surpresa me aconteceu, comprei um passeio de barco baratíssimo (via Decolar), paguei 50 reais por três horas de passeio na baía com bebida *free* e som. Muito bom.

É muito bonito navegar, e essa baía de Acapulco é lindíssima; no fim da tarde parecia que nos movíamos num espaço que só cabe nos sonhos, não era a cerveja, nem o marulhar das ondas, os sons, as pessoas ou mesmo o suave balanço do barco, era somente a minha disposição que se abria ao divino.

O porto que se distancia
As mansões de uma época de glória
O penhasco para um salto quase suicida
A santa no ilhéu
O aceno do mar aberto na entrada da baía
São das coisas lindas
Que sempre aprendo a ver.

Uma das coisas lindas que conheci foi uma escultura de Bellini chamada o Êxtase de Santa Teresa (não tenho certeza se é essa santa, mas fiquei louco com o mármore que expressava tanto prazer que achei que era tensão sexual).

E hoje senti um êxtase
Como a loucura de descobrir
cobrir que você goza (antes que te digam que é pecado)
Senti o envolvimento e comunhão,
Gozo olhando o mar gelificado e com um brilho prata fugidio.

Coisa dos contos dos deuses, e eu vi.
Feliz eu os vi.
Relaxei e fui
As ondas
As comportas
Meus olhos
Vertentes
Choro
De tanto prazer
Êxtase.

Mas a tarde hoje era de todos, minha também. Caí na real que há uma semana que fechei a porta de casa e vim para o mundo, já cruzei a Linha do Equador, aterrissando em outro hemisfério, não estou sentindo a presença daquela sombra que me confundia e pesava sobre os meus dias e foi há *tão pouco tempo...*

Estou andando por novas e velhas vias, meus olhos descansam em casas, templos, palácios, arranha-céus, casebres, museus, ruínas e em muitas vidas dessa cultura em que estou imerso. Conversei com tantas pessoas, elas me mostram outras ideias, passados insuspeitados para mim, aspirei perfumes, aromas, odores bons e maus também, mas que despertaram tantas sensações nos meus sentidos todos. Provo de sabores, temperos, texturas, combinações, ingredientes e consistências que não imaginava que existiam, isso também abriu novas fronteiras aos meus sentidos.

Tantas experiências que me invadiram com vigor e se acrescentam à empolgação desse dia como numa epifania.

Reflito, por que me perdi tanto? O que eu pretendia? Quando deixei de fazer algo por mim?

Começo a perceber o quanto fiquei confuso, o tanto que o equívoco entre estar abandonado e o que eu julgava ser sentimento me desorientaram. E, hoje, um fato político, tão distante disso tudo, foi a chave que destravou o gatilho, parece que um vento bom soprou em minha mente, afastou a poeira que embotava minhas ideias e assim meus olhos retornaram à luz.

— Você vota aqui?

— Não, não transferi o meu título.

— Mas é aqui que você mora! Aqui é onde você vai eleger teus representantes para poder cobrar deles.

— Ah, não! Minha mãe me mata se eu transferir meu título.

— Por que?

— Sabe como é no interior, né? Temos que votar nos parentes ou nos candidatos que a família escolheu, não podemos trair.

— Mas isso é um absurdo, voto de cabresto nos dias de hoje? E se for um fascista? Um cara de direita?

— De direita? Qual o problema?

— Você é de direita?

— Não me preocupo com isso, não gosto de políticos, são todos corruptos e ladrões.

— Impressionante!

— O quê?

— Essa tua afirmação, como você abre a boca para dizer tudo isso sem analisar o teu papel nisso tudo.

Tanto despreparo, tanta alienação, que parecia burrice ou irresponsabilidade. Tão distante das causas que me moviam e que eu as considerava As Grandes Causas. Era urgente se expressar, se manifestar, ir para as ruas, gritar e protestar, agitar as massas. Estamos no mundo em que o Sistema estica a corda, nos leva ao limite, é injusto, corrompido irreversivelmente, escravista e está sempre querendo limitar os nossos direitos, querendo manter e ampliar seus privilégios. Eles *são poucos e ainda assim conseguem manter esse abismo entre nós e eles. O incompreensível é ver as ví*timas defendendo seus algozes, seus opressores, na terrível ilusão de estarem fazendo parte do grupo deles por terem conseguido alguma migalha o que considera um privilégio.

Percebi que ele não tinha expressão política, nenhum engajamento, a anos luz da militância em que eu estava envolvido. Não se sentia nem de direita ou de esquerda, lhe era indiferente esse posicionamento, não havia lido obras de formação, nada sabia de partidos e ideologias, pensamentos e pensadores, não tinha a consciência política necessária ao cidadão. Estava se lixando para onde estava caminhando o destino político do país, nem mesmo estava atento aos políticos em que votava, não se importava com o que faziam com seu voto. Tudo isso lhe era indiferente e nem chegava a ocupar o mínimo tempo de sua atenção, de sua inteligência.

E o que eu tinha a ver com tudo isso? Para mim era incompreensível, nunca conseguia ficar alheio a essas manifestações porque desde muito que participava de tudo o que era de manifestações. *Há poder? Sou contra!* Eram as de estudantes, do sindicato, organizações civis, protestos, greves o que precisasse. *Era contra e era de esquerda?* Estava dentro. Porque é necessário defender as minorias, os nossos direitos e conquistas, estar atento, ler os pensadores, os teóricos e praticar a luta, sempre. Tudo isso sempre me interessou, e muito! A luta contra o opressor é árdua e sem tréguas, ele sempre detém os recursos, é ardiloso, traiçoeiro, insidioso e corruptor, tenta comprar nossa dignidade destruindo nossas defesas impiedosamente. Como é possível viver sem lutar? Sem causas a defender? Sem questionar? Entregar tudo de bandeja e viver como escravos simplesmente aceitando as determinações que o Sistema impõe. Não nasci para isso!

E aí me chega aquele poço de alienação que mesmo assim se achava protagonista, um influenciador (quando ainda não havia esse conceito atual), queria ser visto e reconhecido não importava em qual situação. Tudo aquilo para mim era vulgar, ouvia eco dos aplausos de opacos, de uma claque de limitados e obtusos. Tão irritante.

Como fui grosseiro!

— Mas eu acho muito chique ir pra NY...

— Pra onde?

— Pros States, Nova Iorque. Só para os finos!

— Finos? Isso é programa de gente brega e sem cultura. Novos ricos.

— Bregas? Só os meus amigos finos e os ricos que conheço é que foram lá.

— Imagino!

— Tem país mais chique do que os Estados Unidos?

— Em ordem alfabética ou por distância?

— Você é chato! Todo mundo diz...

— Quem diz? Esse povo sem cultura que vai para um país que se vende como uma prostituta e ainda diz que é cultura? Esse povo que volta com a mala cheia de bugigangas e roupas compradas em *outlets*? Esse povo que tira foto com orelhas de ratos? Que vai se casar em capelas de Las Vegas? Que acha que ir ao Museu de História Natural de NY é o máximo de programação cultural que ele já fez na vida? Faça-me um favor!

Assim fui destilando o mais puro veneno que pude produzir. Às vezes sutilmente, delicadamente, tipo um professor, ensinando os caminhos, mas na maioria das vezes fui cruel, muito cruel! Ainda assim, através de minha maldade, ele percebeu que havia um caminho insuspeitado para ele seguir. Abriu os olhos às injustiças e aos preconceitos que mesmo naquele mundinho em que vivia estavam muito presentes. Ele percebeu os outros, entendeu qual era o verdadeiro objetivo que deveria mirar, o que leva às Grandes Causas, no qual vale a pena se envolver.

Naquele momento em que o inimigo estava à espreita, ele intuiu que chegara o momento de se posicionar, quebrou o elo que o prendia à direita, *à* sua família. Percebeu o fascismo que muitas vezes está inserido nessa direita. Leu o Eco e o Losurdo que indiquei, descobriu outros autores que eu *não* tinha lido, foi ficando menos suscetível e vulnerável como fosse se recriando, começou a se impor e a lutar por seu lugar na Terra, participando de grupos de estudos e de ativismos, a sua visão foi ampliada, aprendeu, discutiu, se informou, se orientou, se acrescentou, criou suas próprias armas. Soube que os direitos conquistados não são permanentes, são protegidos por frágeis estruturas que precisam estar constantemente sendo reforçadas e sempre sendo reconstruídas, pois as forças da elite tentam miná-las, nossas garantias só se mantêm se sempre as reforçarmos. Começou a saber que era necessário mais engajamento para militar na esquerda, se definir de esquerda, eleger os candidatos com ideias afins, de lutar, entender as fragilidades e os frágeis, antever as ameaças e engrossar as fileiras, participando e assumindo posições das quais, às vezes, *não poder*ia regressar. Agora teria que se revelar em confrontos, sair de um armário sem volta e aprender a não ceder, mas, no mínimo, negociar.

— Vou me filiar ao Psol.

— Não vai pro PT?

— O PT não me representa totalmente.

— O PT é esquerda.

— Nem tanto.

— Nem tanto?

— Acho que ficou muito tempo no poder e se afastou dos seus eleitores, já não é de esquerda. Está mais próximo do projeto neoliberal, fez concessões que considero inadmissíveis. Está mais próximo do inimigo do que do povo.

— Claro que não! Veja as conquistas sociais, econômicas, quantos saíram da linha da miséria, quantos foram incluídos no mercado de trabalho...

— Sim, a qual custo? Os poderosos, os ricos, a elite, os que mandam estão se locupletando como nunca. Verdade que houve distribuição de renda, mas muito menos do que deveria ser dividido.

— *É verdade, mas acho que não é a hora d*e a esquerda se dividir, precisamos nos fortalecer e o PT é a representação mais forte ainda, não acho que seja boa essa fragmentação.

— Se não nos expressarmos seremos sufocados sob a estrela do PT. Temos questões que consideramos essenciais, mas que não são para o PT.

— Temo que consolidar...

— Não temos! Precisamos é doutrinar, fazer as pessoas entenderem o que são essas conquistas que agora temos, que é um direito eterno do povo, são frutos de lutas e que não podemos ceder, que ainda não está na hora e nunca deve haver essa hora de conjugar o verbo "ostentar" como está na moda. Que devemos poupar. Parece que se esquecem de que há pouco faltava o que comer, mas agora precisam portar um Iphone, pisar em porcelanato e assistir TV a cabo em *smart* TV. Não está certo essa merda toda e o PT não está mostrando isso, está permitindo e estimulando. Isso vai se voltar contra vocês, aguardem. Deveria estar doutrinando o povo, ainda há reformas a serem feitas.

— Você está muito radical!

— E você condescendente!

E ele continuou indo, não precisava mais de meu apoio ou orientação, já andava com suas pernas e sabia para onde ir. Entendeu, participou, absorveu o que julgou necessário, juntando-se a grupos, assumindo causas e organizando movimentos. Tinha tanta força que não consegui acompanhá-lo. Tudo era muito estruturado, organizado num sistema sólido de ideias. Fiquei zonzo quando percebi no que ele se tornara, não mais o alcançava, os horizontes que ele abria eram imensos, me senti tão medíocre perto disso tudo. Ele agora era a própria luta, encarava e construía causas.

Só assim percebi o meu despreparo, fiquei com ciúmes e humilhado ao saber, agora era certeza, que ele era um protagonista, um líder real, algo que eu nunca passei perto de ser. E naqueles dias ele percebeu isso, ele era o ombro mais alto a guiar os muitos seguidores que o viam como o legítimo representante deles, com paixão e credibilidade, era a própria firmeza de ideais. Também era uma usina de criatividade, formulava estratégias, previa os obstáculos e já adivinhava as saídas para os problemas que viriam. Ele podia construir com as mãos e depois chutar com seus pés o que se tornava desnecessário. Com sua inteligência fina ele começou a reformular o seu mundo, o que estava ao seu alcance, com brilho próprio, algo que nunca percebi em mim e nem em ninguém que eu conhecia pessoalmente. E quando tudo ficou irremediável, quando eu não mais poderia negar ou fingir que estava pronto para ser coadjuvante, senti uma inveja atroz, a certeza de que nunca poderia ser como ele, não tinha aquela força, não posso nunca me tornar o que ele se tornou.

Se ele tivesse me traído, me enganado de qualquer maneira ou até mesmo me roubado e agredido como um michê escroto seria muito fácil para mim sair disso tudo.

Assim ele voou! Eu fiquei para trás, obsoleto, um incômodo mesmo, porque ainda fazia questão de ser arrogante, tentei fingir que tinha um passado de lutas gloriosas, de conquistas não reconhecidas por conta de minha humildade, e o pior, depois comecei a me arvorar de ser o responsável por ele ter se tornado quem ele era. Nem percebia o quanto me tornei ridículo. Despejei um repertório sem fim de maldades, críticas cáusticas e sem sentido, montadas sobre um imenso repertório de citações que eu sabia que ele não poderia conhecer, mas que também não acrescentavam nada a ele. Eu só sabia que devia ser necessário e referente para ele. Mas ele já não precisava disso, não precisava de mim.

E hoje eu percebi!

Dia 08: 10/05/16

Acapulco, Cidade do México DF, Oaxaca

Hoje cheguei em Oaxaca após uma conexão na Cidade do México, voos rápidos e tranquilos. Agora vou iniciar uma fase nova da viagem, com passeios mais aventureiros menos urbanos e, na sequência, sigo para San Cristóbal de Las Casas, que já faz parte da América Central, era parte da Guatemala e foi comprada pelo México. Vou procurar conhecer ruínas de cidades maias, cachoeiras, rios e cânions que existem por aqui.

Cheguei já no meio da tarde e aproveitei para conhecer a cidade de Lila Downs, passeando pelas regiões centrais, já agendara os passeios para os dois dias que ficaria lá e então flanar era a melhor opção. A cidade não é grande e já soube que sua renda provém, principalmente, do turismo, da produção de artesanato e mezcal, a bebida típica daqui (também à base de agave e que às vezes vem com um besouro colocado dentro das garrafas, o que melhora e apura o sabor, esse "gusano" vive no agave, a razão do seu sabor).

Basicamente andei pelo centro histórico que segue o padrão Zocálo, com a catedral ao centro e os prédios da prefeitura, da polícia e um mercado formando os lados do retângulo. O movimento de pessoas nas ruas, os prédios históricos, o comércio e, principalmente, as pessoas que são para mim estímulos incontroláveis para fotografar. Fotografias são poesias, quem consegue transferir uma imagem para um papel, uma tela ou um arquivo, consegue eternizar um momento que depois de registrado, congela o instante e pode ser disponibilizado a quem tem o acesso; e aquele momento sempre se materializará quando acionado.

As primeiras fotografias que vi registravam: o casamento de meus pais, eu e meus irmãos como bebês. Havia também as poucas fotografias de parentes e antepassados deixadas na casa de meus avós. Eram em preto e branco, com uma luz linda revelando contrastes e expressões que até hoje não consigo reproduzir, mesmo com tantos recursos tecnológicos disponíveis. Eram fotos posadas, sem naturalidade, mas nelas encontrei fascínio e beleza, havia algo de glamour, com um clima revelado pelas estrelas italianas dos anos 50, tudo muito charmoso e cult.

Depois vieram os "binóculos", pequenos dispositivos que nos permitiam ver as películas através de uma pequena lente que as ampliava. Era um recurso barato que fotógrafos ambulantes vendiam nos parques de diversões e festas da comunidade à época. Ao fechar um olho e com o outro visualizar o interior do "binóculo" via-se o momento fotografado com um belo colorido. Parecia mágica aos meus olhos infantis. Cresci no tempo em que presenciei como o audiovisual se desenvolveu exponencialmente como tecnologia e facilidade de acesso, desde os "binóculos" até o atual 3D e toda a interatividade proporcionada pelos smartphones.

O mundo visual do cinema em tecnicolor me trouxe a magia de um tempo distante que me inseriu em uma nova dimensão, ali eu estava junto no momento em que uma fotografia ou um filme fora capturado por alguém e que era acessível para todos, mas se perderia na memória de alguém se aquele instantâneo não se perpetuasse no dispositivo que o registrou e depois se tornou acessível nas revistas que lia, nos calendários pregados nas paredes de casas com paisagens distantes, santos e crianças, nos lares e no comércio (mas nos barbeiros e borracharias as imagens eram de mulheres nuas) e nas matinês do cinema aos domingos.

Depois vieram os livros que me educaram e me ensinaram a desenvolver um olhar crítico que continua se aprimorando, modéstia à parte.

Acho que a noção do que significa ser um fotógrafo se materializou quando o Sylvio me presenteou com um exemplar de *Exodus* de Sebastião Salgado; antes deles achava que o grande fotógrafo era o J.R. Duran, que fotografava as peladas da *Playboy*. Daí meu olhar se alimentou de imagens clicadas desde Henri Cartier Bresson, Annie Leibovitz, Robert Capa, Mário Cravo Neto, Mapplethorpe até o Araquém Alcântara, o fotógrafo brasileiro que eterniza a nossa natureza.

Depois de Sebastião Salgado comecei a pensar com o olhar, imaginar o que queria capturar — se um sentimento, o instante, uma expressão, uma paisagem ou simplesmente nada. Sei que gosto de fotografar paisagens urbanas sem humanos, principalmente em cidades velhas, com o peso de sua História nas construções resistentes que sobreviveram para atestar o seu passado e também gosto de anônimos nas ruas, suas expressões e sua naturalidade, sem pose. Gostaria de capturar a alma e a expressão humana em fotografias, como alguns grandes fotógrafos conseguiram. Vou continuar tentando. Estou tentando desde minha primeira câmera Kodak instantânea, sem recursos, mas que me deu a sensação de que eu era um fotógrafo.

    Estudei fotografia na faculdade, aprendi o que significa técnica e as teorias por trás das boas fotografias, e acredito que além da luz, a emoção é o principal recurso de uma grande foto. A teoria e a técnica podem dar a você uma foto bonita e agradável aos olhos, mas é só. Não será marcante se o fotógrafo não conseguir impregná-la com seu olhar e sua alma, tem que ter o sentimento e a sua leitura de mundo, senão é só mais uma foto. Já vi centenas de exposições de fotografias e espero ver milhares no tempo que me resta na Terra, não me canso, pois há sempre o inusitado e o genial à espreita e podem se fazer presentes quando você menos imagina.

    Quando comecei a usar o Instagram o objetivo era outro, havia uma intenção quase artística ao usar os filtros disponíveis para criar efeitos retrô nas fotos, não havia o exibicionismo e o narcisismo que são tônicas do aplicativo hoje. Era um barato fotografar o banal e criar uma atmosfera vintage, com cara de arte. Mas a acessibilidade do smartphone ao povo sem criatividade só abriu espaço para a vulgaridade e o mau gosto. Uma pena, mas entendo que há seres que precisam sempre de um espelho para se refletir, sucumbem ao excesso de exposição, trilhões de pixels desperdiçados, repletos de mediocridade, que só ocupam espaços de memória em servidores em todo o planeta. Quanta inutilidade.

    Evito fazer selfies, ser modelo de mim mesmo não me agrada. O que mais me anima são os cenários urbanos, as paisagens impactantes que a natureza proporciona com suas montanhas, águas, arvores, planícies e desertos. Estes são os focos certos quando estou com uma lente nas mãos.

    Já possuí câmeras com muitos recursos, quase profissionais, mas no momento estou me virando com uma compacta da Canon, a minha marca predileta. Foi minha escolha após perder uma ótima câmera que se afogou num riacho em Pirenópolis.

Preservo meus arquivos com fotos em vários lugares, na nuvem, no HD do micro e em HD externo, em pen drives e até impressos fisicamente. Parece loucura ter milhares de fotos que quase nunca são visualizadas, mas não me sinto constrangido por isso, para mim são relatos dos meus caminhos e olhares que tive naqueles momentos. Aureni mantém álbuns com fotos impressas, as prediletas dele. Acredito que um dia farei isso, mas necessito me desvincular de outras prioridades que invento a todo momento. No momento um porta-retratos eletrônico satisfaz essa necessidade, ele reproduz initerruptamente algumas das viagens que fiz.

Sei que não deixarei de gostar de fotografias e de fotografar, mas perdi muito o estímulo após os smartphones se tornarem o principal meio para fotografar, criaram um tsunami de fotos desagradáveis que se compartilham nas redes sociais e na internet, banalizam e diminuem o valor da fotografia. Ainda assim continuo acompanhando, porque de vez em quando surgem coisas surpreendentes.

Aqui é muito legal e havia um movimento intenso de pessoas passeando pelas ruas centrais. Ouvi a música "O que será que será", do Milton e Chico, sendo executada em espanhol, depois vi que era o jingle de uma candidata do PT daqui, está no período de campanha eleitoral.

Almocei um prato à base de "mole", que é muito típico aqui, um tipo de creme que acompanha a carne, pode ser feito de várias maneiras com ingredientes que levam desde amêndoas secas a chocolate, muito próximo do vatapá baiano. Comi um verde com espinhaço de porco, muito gostoso.

Pra variar há uma quantidade enorme de igrejas, mas uma me chamou muito a atenção — o Templo de Santo Domingo Guzmán –, lindíssima com estilo barroco e todos os detalhes que são característicos, de ficar de queixo caído, demorou mais de 200 anos para ficar pronta. Também deu para perceber que a cidade tem uma veia artística muito forte, muitos eventos de arte, galerias maravilhosas com produção de primeira, sem falar do artesanato que é de enlouquecer, desde os têxteis às esculturas que são muito elaboradas. Estou a ponto de perder a razão e começar a carregar as bugigangas que gosto tanto.

Estou cheio de ansiedade para conhecer os lugares que selecionei nessa região e morrendo de medo de contrair alguma enfermidade, tipo gripe ou diarreia. É horrível pensar que esse tipo de coisa pode destruir um planejamento que fiz com tanto cuidado. Temo as febres! Sofro ao pensar na sensação de calor infernal e do torpor que elas podem causar no meu corpo. Ainda bem que não sou de muitas febres, as que tive, e não foram tantas depois de adulto, normalmente estavam associadas a algum processo inflamatório como garganta inflamada ou uma gripe forte, mesmo sabendo que é um sintoma do meu corpo, um aviso de meus anticorpos para eu me cuidar, persiste na memória a sensação de que meu corpo foi possuído por uma força que anulou completamente a minha vontade.

Minhas febres sempre foram passageiras, sem maior gravidade e sucumbiam ao efeito de antitérmicos e até de chás que minha mãe preparava na infância. Tenho primos por parte de mãe a quem as febres tinham consequências devastadoras, elevando a temperatura corporal a nível assustadores, chegando acima de 40 graus. Eles ficavam tão mal que deliravam, para o terror de seus pais.

Fui contaminado com febre tifoide bem novinho e sobrevivi por um milagre e graças aos cuidados de minha família. Os recursos no Carrapichel, um distrito de Bonfim, em meados dos anos 60 eram limitadíssimos; se não havia nem energia elétrica, imagine hospital ou mesmo posto de saúde, o atendimento era em Bonfim, a sede do município. A mortalidade infantil era alta, lembro-me de que havia muitos enterros de crianças, alguns eram companheiros de brincadeiras, vizinhos e amigos, e eu achava que eles viravam nuvens e iam pro céu, era como os adultos nos poupavam do choque do primeiro contato com a morte.

Da doença, tenho vagas lembranças, mas me recordo de tardes opressoras de calor infernal, mesmo estando alojado no quarto mais fresco da casa de minha avó. O tempo todo vigiado por minha mãe, avó, tias e tios que me velavam cuidadosamente, eu era o primeiro neto e sobrinho deles. Também era vigiado por um grande besouro preto que toda tarde fazia um voo de reconhecimento sobre a cama, entrava inesperadamente pela janela, dava um rasante e seguia seu caminho. Eu ficava desesperado e gritava de medo, mas misteriosamente somente eu o via, ele só aparecia quando eu estava sozinho, o pessoal achava que era um delírio provocado pela febre. Não sei se era, mas me recordo que a última aparição dele minha mãe presenciou, ela viu que ele era de verdade, existia e não era fruto de minha imaginação. Depois desse dia ele não mais retornou, minha febre recrudesceu e eu voltei à vida. Para comemorar, vovó separou um quarto de carneiro novinho para preparar ensopados para mim porque estava debilitado e magrinho, precisava me fortalecer. Em poucos dias eu o devorei e, até hoje, carneiro é uma das minhas carnes prediletas e nunca mais fui magrinho de novo.

Não tenho encontrado muitos brasileiros desde que saí do DF, lá havia bastante, mas em Acapulco só encontrei um grupo animado de senhoras no passeio de barco. Em Puebla aconteceu uma coisa meio desagradável, estava almoçando e uma senhora do meu grupo notou que havia um outro de brasileiros na mesa logo atrás de mim. Eles notaram o comentário, nos cumprimentamos, eles informaram que eram de São Paulo, falei que estava vindo de Brasília. O homem que, acho, comandava um grupo de idosas (pareciam da mesma família) começou a gritar, "Já sei, gastando o dinheiro da lava a jato, né?". Foi no dia que o Cunha caiu; as velhas falavam: "Mas por que a outra não cai logo fora?". Fiquei meio constrangido e o cara continuava como se fosse um gracejo, "Gastando o dinheiro que o PT roubou, kkkkkk", então retruquei: «É, deve ser mesmo, estou gastando o dinheiro que ganhei quando trabalhei durante o governo do PT, um tipo de roubo, porque antes o dinheiro era para o patrão, para o trabalhador era só para sobreviver, não era? Lembra-se do FHC? Ah, talvez você não seja trabalhador, né?". Ele fechou a cara e voltou para a mesa dele. Contei para as senhoras da mesa e elas ficaram constrangidas.

Percebo que esses grupos normalmente estão seguindo algum pacote oferecido por alguma agência, é normal se as pessoas não têm paciência de organizar a viagem por conta própria, mas o que dói é a falta de informação; quando você conversa percebe que as pessoas estão muito por fora de história, política, cultura local ou até mesmo de geografia. O casal do Espírito Santo que conheci queria alugar um carro para viajar da Venezuela até a Costa Rica e comentei que era bom evitar a Venezuela por conta da grave crise que o país passava. Sugeri começar pela Colômbia, ele ficou me olhando e perguntou: "mas para chegar no Panamá não tem que passar pela Venezuela?".

Tenho convivido com muitos idosos nesses passeios que tenho feito por aqui e quando reflito sobre a velhice, penso na inexorabilidade do tempo, sinto que é uma coisa irremediável e que sua presença já se aproxima de mim. Tão definitiva que chega a ser cruel para quem não a aceita. A minha temporalidade na Terra já me permite assistir ao ridículo de contemporâneos que se recusam a aceitá-la e começaram a perseguir um ideal de juventude que a natureza não corrobora. Eles se submetem a todos os tipos de intervenções e tratamentos, do cirúrgico ao químico, na esperança de encontrar a fonte da juventude num bisturi ou num pote de creme que custa uma fortuna. Se deformam alterando seus traços naturais, tanto que às vezes procuro em vão os sinais de alguém que conheci há muito, hoje são vestígios daquelas pessoas que foram e um pastiche desagradável de uma juventude irreal que o seu corpo não traduz.

O mais assustador é que essas pessoas precisam do assentimento de quem os cerca, temos que confirmar que o corpo não acompanhou a idade cronológica, por mais falso que isso possa parecer. Patético!

A mim a velhice não é um temor, somente uma sombra maligna que paira sobre mim e vai sugando muito dos meus sonhos, movimentos e desejos. Não que sentisse a necessidade de permanecer jovem ou juvenil, gosto do discernimento que os dias me deram, mas sinto com pesar o ônus dos dias, os cabelos que perdi, a barriga que cresce, o número de pílulas no banheiro, a impaciência, o cansaço com o óbvio, a constatação do ridículo que posso parecer a quem está começando a viver, mas acima de tudo, o aumento de minha intolerância para com um monte de coisas, assuntos ou pessoas.

O Lúcio me disse várias vezes, "quem disse que quando a gente envelhece melhoramos? Só intensificamos nossos defeitos!", na época me divertia, hoje me identifico. Antes a mediocridade me incomodava, hoje é quase intolerável e faço de tudo para não conviver com seus representantes. Fisicamente o que mais me faz sofrer é minha incontinência urinária, que me ataca principalmente após algumas cervejas. Vou ao banheiro incontáveis vezes e não posso me conter por muito tempo, várias vezes já me mijei. Sem falar da necessidade de levantar-se no meio da noite à procura do banheiro.

Também não consigo negociar com quem gosta de músicas que qualifico como ruins, algo como sertanejos, pagodes chorosos, putas cantantes, umas coisas de funk e rap e um tanto de intérpretes que gargarejam ao invés de cantar. E me horroriza o mau gosto musical de meus sobrinhos. Doloroso para mim. Sou até grosseiro com relação a esse assunto, mas não me interessa mais convencer a quem quer que seja sobre a qualidade do material de que são adeptos, hoje só quero distância. Acho que minha aproximação à última fase de vida significa amadurecimento, um eufemismo para velhice.

Aqui em Oaxaca vi muitos turistas europeus estadunidenses, eles gostam muito desse tipo de viagem, mais mochilão, com mais troca de experiências e fora dos grandes centros urbanos, tem uma galera jovem no Brasil que já embarcou nessa, e é bem legal quando a gente se encontra com eles.

Amanhã vou conhecer o sítio arqueológico de Monte Alban.

Dia 09: 11/05/16

Oaxaca

Os últimos acontecimentos me obrigaram a refletir sobre segurança, sei que viver em alguns lugares no Brasil é uma aventura, muitos riscos aos quais as pessoas estão submetidas por falta de segurança. Assistir a um noticiário na TV, acessar sites e blogs de notícias e até nas conversas dos dias, os fatos nos fazem tremer com a coletânea de horrores aos quais os cidadãos estão expostos, tudo por conta da disfunção de um Estado que perdeu a capacidade de prover essa garantia constitucional do direito que todos deveriam ter à segurança.

Evoluiu no Brasil o desrespeito à vida e à propriedade alheia. Assistimos diariamente a crimes praticados por indivíduos cada vez mais novos, crianças criadas sem respeito a nenhum código moral ou ético, que se apropriam de pertences alheios e até matam por motivos banais.

Nas cidades do interior da Bahia, onde passei a infância e adolescência, os ladrões eram tão raros que às vezes assumiam ares românticos, como os bandos de cangaceiros de Lampião e Corisco; havia algo de aventureiro e audaz que a imaginação popular acrescia de feitos épicos e o facínora se tornava um Robin Hood do sertão. As pessoas conheciam os ladrões da comunidade, normalmente roubavam por necessidade e alguns poucos por distúrbio comportamental mesmo, a sociedade ainda não havia atingido o estado de consumo e necessidades que temos hoje. Os roubos eram praticados sem violência, não eram comuns assaltos à mão armada, na maioria dos casos eram invasões às residências na ausência dos moradores, batedores de carteira ou ladrões de gado vindo de outras regiões. Quando acontecia um evento desse tipo era notícia durante dias.

Os crimes com mortes eram mais dramáticos e causavam uma grande comoção em todos. Normalmente a motivação era passional ou vingança decorrente de ofensas ou rixas originadas por desacato à honra da família ou comerciantes e fazendeiros disputando espaço.

Assassinatos chocavam e comoviam a comunidade, praticamente todos se conheciam e as motivações e possíveis revanches sempre eram assuntos que vinham à tona nas conversas, mesmo após anos do evento.

Na casa dos meus avós em Carrapichel era comum e usual estranhos, vizinhos e moradores das roças próximas chegarem durante a noite e procurar um lugar para dormir, a porta permanecia aberta durante toda a noite, havia redes e esteiras para os visitantes e pela manhã minha avó ainda oferecia café da manhã. Era natural essa hospitalidade e não lembro quando ela se perdeu. Essas mesmas pessoas também traziam presentes, produtos produzidos em suas propriedades, como galinhas, feijão, milho etc.

Testemunhei quando a garotada começou a usar drogas com vontade, principalmente maconha. Os primeiros maconheiros ficaram célebres nas cidades e apavoravam os nossos pais, que sentiam serem uma forte ameaça às estruturas às quais eles estavam acostumados. A criminalidade aumentou, e era atribuída aos maconheiros, as ruas ficaram mais inseguras e aconteceram os primeiros assaltos, tudo associado ao consumo de drogas. Houve uma mudança nas estruturas das casas, construíram altos muros, com vidros e pregos em sua extensão, gradearam as portas e janelas, as residências viraram bunkers e as crianças sumiram das ruas.

Hoje já não me atrevo a andar pelas ruas de Bonfim após certo horário da noite, estão ainda mais inseguras e violentas. Há muitos relatos de amigos e parentes sobre roubos e assaltos, não me arrisco e volto para casa de táxi ou de carona.

Ficaram no tempo as casas que minha memória guarda da infância, pequenos jardins, com roseiras, arbustos e plantas medicinais plantadas em frente a varandas com cadeiras; portas e janelas de madeira pintadas foram substituídas por muralhas impenetráveis que nem deixam imaginar se há vida por trás delas.

Quando me mudei para Salvador, já estava informado sobre as áreas inseguras da cidade, como em todas as grandes cidades havia regiões muito perigosas, principalmente na periferia, nas favelas e invasões onde viviam as pessoas mais pobres. Atualmente não há mais lugar seguro, em qualquer situação você está em risco, não pode vacilar, tem que estar atento sempre. E os relatos são assustadores. Sei que já abusei muito da sorte, bebi e perambulei por regiões famosas por serem perigosas, fim de linha da Federação, de Brotas, da Boca do Rio, as quebradas de Amaralina, do centro da cidade. Bebi e cacei em todas elas, algumas vezes com sorte, outras com algumas sequelas, já voltei sem relógios, carteira ou celular, mas sempre voltei. Graças aos deuses.

Em Brasília, após um período de adaptação, me encastelei, já não me arrisco como antes. Morar na Asa Norte, em um condomínio, me garante alguma segurança, frágil, eu sei, mas me dá tranquilidade. Quando me mudei de Salvador, tentei manter o meu padrão de farras de lá, saindo na sexta e só parando no domingo, bebendo todas, de bar em bar e virando a noite, mas aí fui vítima de um sequestro relâmpago, roubaram meu carro, me encheram de porradas e me abandonaram amarrado num lugar ermo próximo da Papuda, a penitenciária. Consegui me libertar e fui socorrido, em choque, por um policial.

Dias depois o carro foi recuperado e minha vida voltou ao normal, mas a partir desse evento a noção de fragilidade e efemeridade de minha vida assumiu relevância. Comecei a temer o outro. Percebi que o inimigo pode estar bem próximo de mim.

Quando viajei pela Europa tive a sensação de segurança, é quase indecente quando comparado com o Brasil: poder andar pelas ruas, frequentar bares, usar os transportes a qualquer horário sem estar com todos os sentidos em alerta, porque sabemos que estamos protegidos. Dá uma imensa nostalgia do tempo em que tive esse direito no Brasil.

E ontem à noite, passei por momentos de terror. Em torno da meia noite o telefone do quarto tocou, atendi imaginando que era a confirmação do tour de hoje, alguém falou que estava acontecendo algo no hotel e que precisava garantir a minha segurança, então iria passar para o comandante de uma missão da polícia federal, ele começou investigando sobre o que eu estava fazendo aqui, de onde vim etc., pediu o número do celular, dei o do Brasil, ele perguntou se tinha algum daqui, aí passei o pré-pago que estou usando, ele me deu um número, pediu para ligar e não falar mais com a recepção, para minha segurança, liguei e aí começou o drama. Ele disse que haviam encontrado um carro cheio de armas e drogas e que eles iriam invadir o hotel e revistar quarto por quarto, então eu precisava sair levando só minhas coisas de valor, aí começou a perguntar quanto de dinheiro eu tinha, cartões, eletrônicos. Fiquei dificultando, sem querer falar a verdade, ele começou a engrossar, ameaçando invadir o quarto, me encher de porradas e me levar sob a mira de um revólver, e dizia: "Aqui é México, não é Brasil". Disse para eu vestir a roupa, levar os pertences valiosos e me hospedar em outro hotel até amanhã; falei que não me sentia seguro de sair naquela hora, ele começou a me intimar, então resolvi fazer o que ele ordenava, desliguei o celular e fui arrumar as coisas e me vestir, o celular tocou e ele estava irado porque eu havia desligado, ficou me apressando, eu só me lembrava daquele filme, Sicário, de Denis Villeneuve com Benicio del Toro, e tive certeza de que iria morrer com uma furadeira perfurando meu cérebro, fiquei muito nervoso, tremia muito. Então pirei, pensei "já que vou morrer vou dar trabalho"; disse que não iria sair do quarto, desliguei o celular, verifiquei as portas, desliguei todas as luzes e passei a noite toda esperando por eles, e tremendo de medo. O pior era que o hotel estava cheio de viaturas da PF, hoje descobri que eles ficam lotados aqui no hotel.

Amanheceu e eu sem coragem de sair do quarto, somente quando vi algum movimento fui tomar café e reclamei na recepção, a moça arregalou os olhos e pediu para eu aguardar; tempos depois o gerente veio falar comigo, contei a história e ele disse que é um tipo de golpe que estão aplicando porque com o golpe de sequestro de crianças as pessoas não estavam mais caindo, me garantiu que estou seguro e trocou o meu quarto.

Passei o dia todo muito cansado, ainda bem que o passeio valeu a pena, conheci Monte Albán, a primeira estrutura urbana das Américas e que data de 800 a.C., construída pelos Zapotecas, fica no topo do Monte Alban numa área que foi terraplenada para construção do centro ritual com várias estruturas em forma de pirâmides, mas há uma cancha para o jogo de pelota, um observatório astronômico e uma construção chamada palácio. Era uma área de acesso da elite, os sacerdotes, é bem impressionante e bonito. Supõe-se que no auge a cidade chegou a ter 40 mil habitantes. Ela foi abandonada por razões ainda não descobertas, mas os arqueólogos levantam a teoria, como em Tikal, que as cidades entraram em decadência por conta da destruição dos recursos naturais da região para usar como material de construção. Na região há várias escavações arqueológicas em progresso.

A principal fonte de renda vem do artesanato, então conhecemos duas oficinas que produzem artesanato, a primeira era das incríveis esculturas de animais, que eles pintam com um colorido único e criam animais fantásticos como grifos e dragões além de gatos, cachorros e pássaros, muito legal. A outra oficina produz peças de cerâmica em preto brilhante graças a uma técnica própria de queimar a argila. Eu penando e me controlando para não comprar nada, mas a mulherada saiu com várias peças.

Para completar almoçamos num restaurante típico, escolhi algumas coisas e misturei tudo, carne de boi, de frango, espinhaço de porco e frutos do mar, coberto com um arroz diferente, o mole negro, que não gostei muito, além de verduras e depois sobremesa. Mas isso não foi nada perto da voracidade dos mexicanos, eles comeram muito, empilharam pratos e cumbucas que a todo instante eles enchiam de comida. Eles tomam caldos e comem com tortilhas, pondo molho e partes da comida, que eles enrolam. Comem como tacos.

E há muitas famílias nesses restaurantes, os pais com suas proles, são unidos e cuidam muito bem dos seus, pelo menos assim parece. Há muitos bebês, e quem não os ama? Eu, não muito! Prefiro vê-los a distância, tenho a impressão de que seria um péssimo pai, e olhe que cuidei de meus irmãos mais novos quando ainda eram bebês, assumia esse cuidado como uma tarefa que era obrigado a cumprir. Sei que esses cuidados fortaleceram meus laços com eles, mas nunca achei muita graça nos filhotes de humanos e me horroriza a hipocrisia que as pessoas têm ao verem um recém-nascido. Logo identificam traços dos pais, pelo meu lado só consigo ver um monte de carne inchada e chorona, um tipo de girino superdesenvolvido, sem formas ou personalidade. Um ser muito frágil e indefeso.

Depois que crescem adquirem o poder de emitir, ao chorar, notas de alcances inimagináveis, que têm a desagradável capacidade de me desequilibrar e desconcentrar. Já sofri horrores em viagens em que havia bebês se esguelhando por horas em ônibus ou aviões. Entendo que não é culpa deles se estão sentindo algum incômodo, o choro é a principal forma de eles se expressarem, o que me resta é desejar que o sofrimento acabe logo. Não nego que quando estão maiorzinhos são fofos e muitos são divertidos. Gosto de observá-los quando começam a perceber e descobrir o mundo, as sensações, os movimentos e tudo que os cerca. O nascimento de sua curiosidade.

Há pais que levam bebês para botecos e outros ambientes que acredito não serem indicados; ainda enchem a cara e esquecem de cuidar de suas crias que choram muito incomodando os demais frequentadores do local. Nesse momento acho Herodes natural, como cantava Vinicius de Moraes.

Após o almoço finalizamos conhecendo Cuilapam, onde foi construído um convento monumental da Ordem de São Domingos; a igreja nunca foi concluída, mas é uma obra de arte, há uma pequena igreja moderna que fica dentro das ruínas, mas o legal é ver numa pia batismal um querubim Índio, feio que só a porra, mas representa a integração dos indígenas aos seus colonizadores.

Pensei que Oaxaca fosse pequena, mas são mais de 800 mil habitantes, a cidade existe desde 1530 e o lendário presidente mexicano Porfirio Diaz é dessa região. É uma cidade interessante e que vale a pena conhecer, mas tem que estar preparado para o calor abrasador.

Ao chegar no hotel fui informado de que haviam trocado o meu quarto por um melhor e localizado em frente à piscina, bem maior e mais confortável. Como estou viajando só não senti muito a diferença de espaço. Na infância sempre dividi espaço com meus irmãos e tias, havia o quarto dos meninos e os das meninas. Houve até um período em que meu avô paterno morou conosco e então dormíamos todos no mesmo quarto. Dividíamos até as camas, meu sonho era dormir em beliches, mas meus pais nunca se interessaram por esse tipo de cama. Essa intimidade nunca foi um incômodo, pois éramos muito novos e não prezávamos por privacidade, era uma proximidade às vezes carinhosa, às vezes agressiva, como costuma ser entre irmãos, e criou-se uma intimidade que mantemos até agora, adultos. Ainda hoje, nas viagens, é comum todos dormirem juntos, adultos e crianças misturados, compartilhando camas, colchões, sofás qualquer um que sirva para se estirar e dormir.

Em grandes períodos de minha vida compartilhei meus espaços com irmãos, primos e amigos, sempre havia pessoas em casa, morando ou de passagem. Nos apartamentos que morei em Salvador nunca estive só, cheguei a morar com mais de quatro pessoas. No verão parecia um hotel tal a quantidade de pessoas que desembarcavam em casa. E havia gente que eu nem conhecia! E era uma plebe rude, sem regras ou etiquetas, um caos generalizado. Sexo, drogas, álcool, nada era proibido.

Foram tantas pessoas que passaram em minhas moradas que nem posso contar. Hoje todos já estão acomodados, casados, separados, mortos ou sem contato. O que importa é que foram dias alegremente irresponsáveis e felizes dos quais não me arrependo. Talvez por essas razões não fico constrangido ao dividir quartos em hotéis com meus amigos, a única exigência que faço é que tenha banheiro privativo, não gosto de banheiros compartilhados, já passei da idade. Também não me incomodo com roncos ou outros tipos de sons que as pessoas emitem e quanto aos aromas há um nível de tolerância. Só me incomodo com os pássaros matutinos que acordam com muito estardalhaço, preciso dormir um pouco mais. E hoje, no novo quarto, acho que dormirei melhor e sozinho.

Dia 10: 12/05/16

Oaxaca, Tule, Mitra e Hierve El Agua

Depois do susto de ontem precisei de um boa noite de sono para restaurar meu humor. De manhã pesquisei na internet os números dos celulares que estavam gravados e li relatos e alertas de que eram números usados para extorsão. Senti alívio de não ter sido mais uma vítima.

O último dia em Oaxaca compensou a minha vinda, muitas coisas novas e interessantes tive oportunidade de conhecer hoje. Foram as primeiras montanhas que vi no México que me impressionaram, uma cadeia muito grande, achei que era a Sierra Madre, mas o guia me explicou que era uma variação, porque próximo dali estava a Sierra Madre do Sul, aquela é a Sierra Madre Oaxaqueña, como a Cordilheira do Sol para os Andes.

Pode ser chato, mas por aqui, e na maioria dos lugares turísticos que já fui, em todo tour que você contrata está incluído um pega-turista para tentar vender algo, de artesanato a tapetes, querem empurrar algo e ganhar uma comissão. Hoje em dia tento ser mais frio e mais duro com essas sugestões, mas na verdade meu ser não é de se negar, sou fácil de ceder a argumentos e negociações, quanto às chantagens sou resistente e normalmente não cedo.

A negação é um tipo de covardia, é fácil não se comprometer, não se arriscar e enfrentar os desafios, deixando ao outro a responsabilidade. Sou um tanto covarde porque não sou de me arriscar por impulso, no escuro, tenho medo de novos riscos, relacionamentos, empregos ou negócios. Sou do estável e da estabilidade, mesmo parecendo destrambelhado, priorizei ter moradia e garantia de emprego. Apesar de não me faltarem as armas e as asas para me arremessar em voos cegos, prefiro não me arriscar e não ceder ao improvável ou ao imensurável. Por outro lado, nunca temi ou me neguei a lutar por direitos, justiça ou preconceitos. Nunca fugi da luta no trabalho, de negar minhas opções sexuais ou sociais, de ser contra a intolerância de nunca ceder às pressões externas, já bastam os meus processos internos. Fiz greves no trabalho, falei francamente quando questionado, não temi minha sexualidade desde que entendi meu desejo, enfrentei chefes e pessoas durante toda a minha vida e nunca temi retaliações, não cedi e agora é que não cederei mesmo! O tempo me recompensa com a coerência e com mais intolerância na defesa das causas que elegi.

Conheço pessoas que sempre se negaram nas diversas opções que o mundo oferta, vejo alguns envelhecendo sem aceitar o seu desejo por acharem não ser o aceito socialmente, todo um exercício em se fazer oculto e ao mesmo tempo se tornando tão explícito para os que o cercam, que não se intimidam em tecer comentários, criar estórias e julgamentos ferinos sobre sua sexualidade, se tornam vítimas de uma chantagem dissimulada que a sociedade exerce com seus mecanismos de controle, mas eles mantêm seus status quo e desfrutam de um tipo de felicidade discreta, sem expressão que, suspeito, disfarça a imensa frustação de se negar (e milhares de litros de esperma despejados em punhetas homéricas e solitárias).

Há os que não negam os seus afetos e facilmente são envolvidos por acenos amorosos. Passionais e frágeis, vítimas perfeitas para os espertos que vivem atentos a esses pobres coitados e os enredam em suas teias, levam a rodo o coração, a integridade emocional e, na maioria dos casos, a conta bancária também. Conheci uma bela e culta mulher de meia idade que foi casada por muitos anos com um colega do Banco, sempre foi apaixonadíssima pelo elemento. Ele nunca a respeitou e ela conviveu toda a vida com suas traições. Quando a encontrei estava à beira do suicídio, dependente de medicamentos e terapias, depois que ele enfim a abandonou. Até o filho a agredia, muitas vezes fisicamente. Parecia que não havia saída, mas graças a uma turma especial de amigas que deram a maior força a ela, aos poucos foi saindo do buraco. Frequentou bares e festas, arranjou namorados, trepou e superou a depressão. Mas o seu doce ser não é de se negar e torço para que ela não volte a se apaixonar.

E tem os generosos, que não se negam a ajudar os outros, disponibilizam seus recursos para se solidarizar com o próximo, numa cruzada inglória, que pode ser pelo lado financeiro, uma oração, um cuidado ou somente a sua companhia. Fazem o impossível para ajudar os desvalidos ou, pelo menos, os que eles acham que são. Alguns foram praticamente à falência por conta desses desvelos.

Sou cético e evito me enquadrar em qualquer dos tipos que descrevi, tento evitar os golpistas, mas também acredito que eles terão o retorno merecido por seus atos e penso que jamais agiriam da forma que agem os seus benfeitores se estivessem em condições. É importante negar-se em muitas oportunidades. O desprendimento cristão, a paixão desenfreada, o pragmatismo romântico, a caridade ilimitada não são saudáveis, soam mais como um distúrbio mental, uma sociopatia. É o que acho!

Toda essa digressão é só por conta de meu constrangimento ao me negar comprar alguma das belas peças que estavam à venda, ainda mais que o artesanato é uma importante fração no turismo daqui. Hoje conheci um artesão que faz tapetes de lã de carneiro, ele demostrou toda a técnica, desde como fiar a lã bruta, criar a tintura e elaborar a tecelagem, e o mais interessante foi a demonstração da tintura usando vegetais locais, o inseto cochonilha e até minerais que resultam em mais de 140 cores, que são firmes e não desbotam com o tempo. Os tapetes são artisticamente lindos com temas da cultura mexicana e alguns mais abstratos e modernos.

Na outra parada, conheci uma destilaria de fabrico artesanal de mezcal, bebida típica da região, que ao contrário da tequila, aqui é produzida com técnicas bem primitivas e artesanais, mão de obra humana e animal (usam cavalo para mover o moinho que prensa o agave) e o resultado é maravilhoso. O mezcal envelhecido é muito gostoso, tem também o cremoso com vários sabores, de chocolate a tamarindo. Provei todos, inclusive o que eles colocam o gusano, a larva que vive no agave é usada para intensificar o sabor, tanto que é recomendado tomar com uma fatia de laranja para aliviar o palabar. É estranho admitir que estamos nos alimentando de insetos e olha que é o segundo por aqui, antes provei os chapulines, os grilos, em Puebla. O gusano não me causou estranhamento como os grilos, talvez porque não o ingeri totalmente. Comer um chapulin não teve o mesmo efeito, a sensação de que comi um inseto permanece até hoje, foi como se comesse uma lesma.

Certa feita, contaram-me que se jogassem sal numa lesma ela derreteria e viraria um caldo comestível, liquefeito e saboroso. Lógico que minha curiosidade infantil, aliada à onipresente crueldade da fase, não se privou de realizar a experiência. Cacei algumas vítimas no quintal da casa onde havia madeira em decomposição, condição propícia à existência delas, e pus a mão à obra, me divertindo vendo o suplício dos invertebrados, se desfazendo em secreções liquidas. Mas fraquejei na hora de provar do quitute. Lógico que compartilhei a experiência com os irmãos e a garotada do bairro me vangloriando de ter bebido o caldo. Acredito que nenhum teve a coragem de fazer o que eu disse que fiz, mas sei que muitas lesmas foram dissolvidas no bairro naquela temporada.

Interessante que, além da experiência assassina, sempre tive curiosidade pelos referidos moluscos terrestres, de como moravam em conchas, seus búzios, as suas casas que eles levavam nas costas e poderiam morar onde bem entendessem. Sempre os encontrava em trilhas das roças de meus avós, de vários tamanhos e normalmente marrons, não eram muito visíveis, viviam escondidos em lugares úmidos e escuros, normalmente denunciadas pelo rastro prateado que deixavam ao se deslocar. Por seu aspecto pegajoso e gelatinoso causavam nojo aos mais sensíveis. Já os búzios eram muito usados na decoração das casas simples, principalmente os maiores e mais brilhantes. O formato em espiral com a abertura onde a proprietária se espremia para fugir à nossa curiosidade tem uma beleza simples e intrigante.

Só mais tarde, ao conhecer o mar, pude ver a beleza das conchas marinhas, mais elaboradas nas formas, tamanhos, cores e brilho. Fiquei maravilhado com elas. A madrepérola parece sedosa ao olhar e eu sempre catava as conchas que o mar distraído abandonava na praia. No Peru conheci a belíssima e intrigante Spondylus, a concha sagrada dos incas, com seu formato triangular e cheio de espinhos, chamativa por suas numerosas espinhas vermelho coral, consideradas mais valiosas do que o ouro pelos antigos peruanos; elas foram armazenadas no norte do Peru para serem distribuídas por todo o império inca, inclusive em forma de joias talhadas nesse material. Soube que a chegada dela nas costas peruanas era já um efeito do El Niño. A associação da Spondylus com a fertilidade vem do fato de ela ocorrer em marés baixas somente quando da chegada do fenômeno atmosférico. As águas do Pacífico tornavam-se assim avermelhadas, sinal, para os antigos povos, de uma presença divina. Com a chegada do El Niño, vinham também as chuvas, tão necessárias para o plantio em todo o território peruano. Efetuava-se assim um estreito laço entre antigas sociedades, força da natureza e presença divina. A Spondylus conectava o mundo terreno ao mundo espiritual.

Outra concha que me chama a atenção é a usada pelos andarilhos do Caminho de Santiago, das vieiras, que parecem o logo da Shell.

Mas a parte que me interessava mesmo eram as atrações naturais e arqueológicas daqui, começamos por Tule, onde se encontra uma árvore imensa com um tronco que tem uma das maiores circunferência da Terra, tipo coisa do Guiness Book. Depois conhecemos Mitra, a cidade dos mortos, ou o que sobrou dela depois de ser conquistada pelos astecas e dizimada pelos espanhóis. Ficaram poucos resquícios da cidade, pequenos conjuntos arquitetônicos, e um centro um pouco maior, maravilhosamente conservado, com um dos mais belos edifícios pré-hispânico que já vi. Tem formato trapezoidal para resistir a sismos e reduzir os efeitos de erosão pluvial e eólica. O que chama atenção são os painéis decorativos feitos de milhares de pedras encaixadas sob pressão, como Legos, que resistiram aos séculos e encantam a quem os vê. Os painéis têm representação simbólica de elementos como raios e água. Os prédios eram extremamente coloridos, principalmente com uso do vermelho vindo do mercúrio. Mas o engenho arquitetônico mais genial você percebe quando adentra as salas que existem no prédio, há só uma porta, um tanto baixa, é escuro, mas em pouco tempo sua visão se adapta e fica tudo claro porque as paredes foram recobertas com um reboco reflexivo que reflete a luz, clareia tudo e a temperatura interna é bem agradável, pois isola o calor externo. Esses prédios eram cerimoniais, há várias tumbas no conjunto. Em todos esses sítios há poucos vestígios das casas dos habitantes mais simples, que eram feitas de materiais mais frágeis como palha e barro. Há algumas ruínas espalhadas na região, os edifícios foram derrubados e as pedras usadas para construir a cidade espanhola, a igreja da cidade está em cima de um deles e há ruínas ao redor dela.

Reflito sobre o medo que já tive de me aventurar sozinho por lugares estranhos, e aqui tão longe de casa percebo que já não temo muitas coisas, acho que a maturidade me afastou de velhos terrores que me assombravam em determinados períodos da vida, desde os mais infantis, com o seu muito que continham de imaginação e superstição, até os mais reais e cruéis da idade adulta. Na infância temi os fantasmas, as almas, como eram conhecidos, assombrações mis, caiporas, lobisomens, feras do mato, sucuris, serpentes venenosas, vacas paridas, caretas do carnaval, relâmpagos e trovões, papa-figo e todo o compêndio de terrores que a imaginação dos adultos e crianças criava numa vila do interior da Bahia nos anos 60.

Nas noites quentes de lá, e eram muitas, sentávamo-nos à porta da casa de meus avós, ouvíamos as estórias e toda a tradição oral que os mais velhos reproduziam para nós crianças e que até hoje estão fortes na memória. Casos e relatos vividos por eles, pelos antepassados ou por conhecidos, cheios de violência e crueldade, não havia o politicamente correto, não amenizavam por sermos crianças, só havia pudor em assuntos relativos ao sexo que era tabu, conversa de adultos. Falavam de personagens folclóricos como uma realidade palpável do dia a dia, das onças que devoraram crianças e a criação, que estavam à espreita para nos pegar se tivessem chance, de filhos que viraram pedras porque desobedeceram aos pais na sexta-feira da paixão, de crianças eternamente perdidas no mato porque não deram fumo para a caipora quando chegaram lá. Era uma forma de nos manter sob controle, era parte de nossa educação formal. Normalmente após esses serões, nossas noites eram de pesadelos, com todos os menores morrendo de medo da escuridão e correndo para dormir todos juntos na mesma cama, sobressaltados e temendo a aparição de qualquer dos personagens mencionadas nas estórias.

Na adolescência meus medos eram criações da literatura e reforçados pelas imagens e tramas do cinema. Chegou a vez dos vampiros, mortos vivos, tubarões, piranhas, fantasmas cruéis e quase imortais, que voltavam ao mundo dos vivos para praticar vinganças atrozes. Seres cruéis e sanguinários, saídos de alguma imaginação doentia, que me fizeram perder o sono, uma legião povoada com o diabo de *O Exorcista* e o da *Profecia*, os vizinhos de *O Bebê de Rosemary*, seres do além como *Freddy Krueger*, *Hellraiser*, *Poltergeist*, os filmes de Cesar Romero, *Drácula* e tantos outros, uma lista imensa de psicopatas e monstros com sede de sangue, movidos por um ódio sem limite, promovendo um festival de sangue, massacres, acidentes e tudo com muitas pessoas destroçadas. Fui um ávido espectador desses seres, tanto que fiquei imune às tramas e aos personagens. Ocasionalmente tenho algumas surpresas e tomo uns poucos sustos, o último foi no filme *It* com o palhaço horroroso e cheio de dentes que atormentava crianças pré-adolescentes.

Hoje sei que meus maiores medos foram bem reais, seres humanos do dia a dia, os valentões que me agrediram no grupo escolar, ladrões que me assaltaram, professores medíocres, pessoas agressivas e opressivas com quem trabalhei, chefes incompetentes e as estruturas de poder com suas armas, a polícia, as forças de opressão que às vezes nos desarmam e fazem sentirmo-nos incapazes e imobilizados. Ainda temo muito a morte e a ameaça ao fim de minha existência, já foi uma razão forte de temor, mas agora não sinto com tanta veemência, apesar de temê-la, não me intimido com ameaças à minha vida.

Confesso que há um medo que não consigo superar ou mesmo negociar, das aranhas. Tenho aracnofobia e não há nada que me faça aceitá-las racionalmente. Um medo ancestral me domina e me deixa inerte, não importa o tamanho ou espécie, para mim é uma aranha. Imagina meu pavor das aranhas que estão em *Harry Potter* ou em *O Senhor dos Anéis*, quando li os livros já as imaginava e quando criaram vida nos filmes me causaram tremores. Descobri que não estou só com essa fobia, é um dos grandes medos da humanidade. Spielberg produziu o filme *Aracnofobia* dirigido por Frank Marshall, que foi um fracasso de bilheteria, à época estava na moda filme explorando medos das pessoas. Só depois descobriram que quem tem medo de aranhas não faz nenhuma questão de vê-las, mesmo que seja numa tela de cinema.

O último ponto do dia foi Hierve el Agua, uma formação natural que tem esse nome porque dá impressão de que a água está fervendo nas fontes de onde brota. Como as rochas são calcárias e a água é rica em carbonatos, a paisagem tem aspectos de território lunar com crateras e cascatas petrificadas. As piscinas de água verde são um convite para relaxar, a água é deliciosa, e isso tudo está emoldurado por uma paisagem cinematográfica, pois está à beira de um abismo espetacular e se vê no horizonte as montanhas, um lugar lindo!

Na van que estava, havia um grupo grande de gringos vindos da Inglaterra, Austrália e Nova Zelândia, fiquei impressionado com o sotaque horrível da neozelandesa, parecia uma maritaca engasgada, e como falava a maritaca!

O guia ainda me explicou a tradução de uns sufixos muito comuns por aqui, por exemplo TEPEC, quer dizer montanha, e o TLAN denota abundância de alguma coisa.

Sempre imagino: se os espanhóis não tivessem chegado quando chegaram e não tivessem tido as oportunidades que tiveram para conquistar tantos povos brilhantes e poderosos nas Américas, se esses povos tivessem evoluído mais do que já eram antes de ter o contato com os europeus, como seria o desenho geopolítico de hoje? Não sei. Mas gosto de imaginar que seria diferente, como se fosse outro planeta.

Foi muito bom conhecer Oaxaca, há muita cultura por aqui, o povo é muito orgulhoso de sua origem, a gastronomia é fantástica e há muito para se ver. Agora sigo para me aprofundar na América Central, iniciando por San Cristobal de las Casas, na rodoviária já deu para perceber a mudança de estilo dos turistas pela quantidade de mochileiros que embarcou no ônibus.

LOCALIZAÇÃO

Central de Autobuses de Oaxaca — 5 de Mayo, 1016 – Ruta Independencia, Barrio de Jalatlaco – Oaxaca

— Mas vocês ainda são novinhos.
— Você acha?
— Claro, como adolescentes.
— Mas já somos maiores.
— Por isso vão viver em DF?
— É a melhor alternativa, no momento, para nós dois.
— Não há clima possível para viver aqui.
— É mesmo? Não estão exagerando? Somos muito dramáticos na idade de vocês.
— Está acontecendo tantas coisas...
— Desculpem.
— Tudo bem.
— E vocês já sabem o que vão fazer lá? Tem algo em vista?
— A princípio, vamos continuar os estudos, depois procurar algum trabalho. Já transferimos nossos cursos para a universidade de lá.
— Já é um ótimo começo.
— Meu pai está nos apoiando.
— Mesmo?
— Ele tem imóveis por lá, vai nos ceder um apartamento.
— Que maravilha! Ele sabe que vocês dois...
— Sabe.
— E não se incomoda?
— Não, sem reservas.
— Ele se sente responsável por nós dois.
— Isso é um tanto raro.

— Realmente, nós somos raros.

— Era o meu sonho.

— O quê?

— Que minha família me apoiasse quando tinha a idade de vocês.

Estou me lembrando de que conheci um cara daqui lá em DF, ele também é gay e tinha uma história interessante.

— Mesmo? Que história?

— Ele foi casado com um cara casado que deixou mulher e filhos para viver com ele. Hoje está viúvo.

— Lembra-se do nome dele?

— Não me recordo.

— Está sendo discreto.

— Verdade, não me recordo mesmo, tenho conversado com tantas pessoas que não gravo o nome da maioria. E vocês, estão juntos há muito tempo?

— Como relacionamento assumido, há quase três anos, nos conhecemos desde crianças, nascemos e fomos criados no mesmo bairro, estudamos na mesma escola, frequentávamos os mesmos lugares.

— Mas não rolava nada, éramos só garotos, conhecemos garotas e garotos, só despertamos um para o outro na adolescência.

— Tem uma hora que não dá para fugir.

— Quem deu o primeiro passo?

— Eu, mas sentia que ele também estava muito a fim. Se fez de difícil no começo, mas quando ficamos a primeira vez, vimos que não dava mais para nos separarmos. Foi uma conexão de almas.

— E o script que se segue? Amigos, famílias e a sociedade ao redor, aconteceu?

— Kkkkkkkkk.

— Por que estão rindo?

— Somos irmãos!

— Entendo.

— Irmão de verdade, filhos do mesmo pai.

— Vocês sabiam disso? Isso é um...

— Incesto!

— Se você considera assim, para nós é amor, a nossa relação.

— Por favor, não brinquem.

— Não é brincadeira. Para nós é muito sério.

— Vocês sabiam disso?

— De maneira alguma, a verdade só apareceu depois que descobriram o nosso relacionamento. Foi quando minha mãe abriu o jogo.

— Nossa Senhora! Como isso aconteceu?

— O meu pai namorou a mãe dele quando eram solteiros, foi muito apaixonado por ela, queria casar-se, mas ela preferiu o pai dele com quem se casou, para complicar ela já estava grávida do meu pai e não contou nada a ninguém.

— E o seu pai? Quer dizer, o outro pai?

— Não desconfiou de nada, ela nunca deixou transparecer nada, nenhuma dúvida.

— Que mulher danada!

— Muito.

— Meu pai nunca se conformou em perdê-la, tinha certeza de que ele era filho dele, não falava sobre isso, só soubemos depois que tudo foi revelado. A nossa diferença de idade é bem pequena porque meu pai se casou logo depois da mãe dele. Acho que queria fazer ciúmes a ela.

— E mesmo depois de casados, ele continuava assediando minha mãe, ela nunca cedeu, havia escolhido meu pai e até hoje é feliz com a escolha que fez.

— E como tudo foi revelado?

— Quando assumi para ela, foi compreensiva e me deu apoio até que falei com quem estava namorando. Ela enlouqueceu.

— Imagino!

— Aí, ela inventou milhões de empecilhos, fez ameaças, disse que se mataria, tomaria veneno e milhões de outros dramas, se eu continuasse o namoro. Dizia sempre que eu não deveria me relacionar a sério, que tudo passaria.

— E teu pai?

— A loucura já estava estabelecida, meu pai ficou do meu lado para me salvar da fúria de minha mãe. Percebi então que deveria haver uma razão mais forte para causar o desespero dela.

— Eu o apoiava e assumi em casa, o meu pai também enlouqueceu quando soube com quem eu estava, aí foi minha mãe quem me salvou.

— Então resolvemos que iríamos enfrentar todos, fugir de casa e viver nossa história. Nesse momento minha mãe se desesperou e abriu o jogo. Meu pai ficou atônito.

— E o meu muito feliz, o sonho dele se concretizou, ele tinha um filho com a mãe dele!

— Isso parece roteiro de Almodóvar!

— Meu pai pediu um teste de DNA para comprovar a paternidade.

— E vocês?

— Ficamos em choque, traumatizados mesmo! Nos separamos para tentar esquecer de tudo isso.

— Eu tentei suicídio.

— Tive depressão profunda, quase chego no suicídio também.

— E como saíram dessa situação? Chegaram até aqui?

— Nossos pais nos ajudaram, apesar de tudo o amor deles é mais forte, eles se deram conta de que o maior mal era nossa separação, os casais conversaram e concluíram que nossa felicidade deveria ser mais importante do que o preconceito social.

— E vocês?

— Eu sabia que não sobreviveria sem ele.

— Eu também.

— Então nosso pai resolveu tudo, está bancando a nossa vida na capital. Acho que eles acreditam que tudo isso vai acabar e que nós vamos nos separar.

— E vocês?

— Sabemos que já passamos por outras vidas, que o nosso destino é sempre ficar juntos, teremos muitas vidas mais.

— Está chocado?

— Não sei, estou processando. Acho que vou ter muito o que pensar até chegar em San Cristobal de Las Casas.

Dia 11: 13/05/2016

San Cristobal de Las Casas

Não pertenço à grande parcela da humanidade que venderia a alma ao diabo por uma barra de chocolate, mas aqui não posso me negar a comer ou beber o chocolate, que está na cultura dos mexicanos desde os pré-hispânicos. Não que desgoste, mas o saboreio em pequenas porções de preferência misturado com outro sabor, cobertura de bolos e tortas ou como o "mole" que se come por aqui. Meus irmãos adoram, o Ademir parece um viciado em drogas quando se posta em frente às vitrines de chocolates, fica com o olhar perdido avaliando as marcas, tamanhos e sabores expostos. Assume uma expressão de alheamento que até parece que tem retardo mental, chega a pôr a língua para fora de um lado da boca, perde a noção de tempo e quando retorna à realidade leva um carregamento de chocolates que um ser humano normal demoraria meses para consumir. Para ele é suprimento de uma semana.

Márcia, minha outra irmã, também é chegada, agora após parir ficou mais controlada, porém quando estudava em Salvador escondia caixas de bombons de chocolates nas gavetas de suas calcinhas e comia escondido para não dividir com ninguém. E de vez em quando eu encontrava um monte de embalagens vazias escondidas em lugares inusitados. E percebo que a nova geração, a dos sobrinhos, não foge à regra e se empanturra de chocolates e assemelhados.

Desde garoto nunca tive muita paixão por chocolate, ainda não era muito comum o seu consumo como se vê hoje, predominavam os doces artesanais e caseiros, de que até hoje sou muito fã. Quando ele surgiu era um pequeno luxo que meus pais não nos proporcionavam com muita frequência, havia parcimônia e normalmente uma barra era compartilhada por todos, era caro! Não havia abundância. E depois, quando comecei a receber mesada, preferia gastar a grana com revistas em quadrinhos e bolsilivros, enquanto meus irmãos se empanturravam com as doces delícias que se vendiam nos armazéns da vizinhança. Enfim, era a minha escolha, sentia mais prazer com a leitura do que com o sabor fugaz do açúcar, para isso me contentava com os doces caseiros produzidos em abundância por minha mãe e minha avó.

Sempre presencio essa atração irresistível que o chocolate provoca nas pessoas. Na Bélgica, há confeitarias impressionantes com vitrines que são um desacato, o chocolate Belga é famoso no mundo inteiro, juro que preferi me empanturrar com os *macarrons*, chocolates só trouxe para dar de presente. Na frente das lojas da Godiva as pessoas se acotovelavam para comprar os produtos como se estivessem diante de um templo. Passei impunemente.

No entanto gosto de chocolate quente e cremoso, às vezes prefiro ao café pela manhã. E foi o que consumi hoje cedo.

Fiz o trecho até San Cristobal num ônibus que levou 12 horas até o destino. Finalmente estou na América Central, iniciando um percurso mais próximo da natureza mais selvagem e preservada, esses destinos atraem um público diferente do qual eu convivi nos últimos dias, já percebi no embarque, a maioria era de mochileiros europeus, brancos e louros. Ainda bem que a viagem foi noturna, pois acho que beiramos muitos precipícios, cruzando as serras até chegar aqui, balancei a noite toda tentando achar uma posição confortável na poltrona, literalmente uma missão impossível, cheguei parecendo uma pintura de Picasso, centenas de ângulos descoordenados numa figura humana.

Estou na região de Chiapas, aqui o território é mais indígena, com várias etnias formando a cultura regional, o que é fácil de perceber ao se observar o pessoal da cidade: falam dialetos, são diferentes dos mexicanos das outras regiões, bem mais bonitos, e as mulheres se vestem de maneira bem particular, dependendo da etnia, umas se vestem com saias compridas feitas de pelúcia preta e com uma bata de tecido brilhante com belos bordados.

Pela manhã andei um pouco pela cidade, para conhecer e para agendar um *transfer* até Panachel, na Guatemala.

Bem em frente ao hotel há um antigo convento dominicano onde funciona o Museo del Âmbar e uma igreja. O museu é interessante com várias peças de âmbar que são minerados na região, há alguns esculpidos em belas peças artísticas e em outras peças se expõem insetos aprisionados em seu interior há milhões de anos. O conjunto urbanístico da cidade preserva a arquitetura colonial, um dos mais preservados que já vi, e não é só um centro histórico, se estende por variadas quadras, as ruas são estreitas com um tráfego intenso de veículos e pessoas, e quase não há semáforos; há uma regra que ao chegar ao cruzamento, espera-se a vez de um carro, assim funciona sem problemas. O comércio da região central é voltado para o turismo, vende-se artesanato, principalmente roupas, bordados, bijuterias e tapeçarias muitos bonitos. Muitas crianças te abordando nas ruas, vendendo quinquilharias, o sinal da pobreza da região.

Assistir TV por aqui é divertido, na verdade a TV mexicana é divertida, muitos programas populares, as famosas novelas com todos os seus exageros e os apresentadores de programas musicais, o que por si só já vale a pena dar uma espiada. Exagerados, bregas, coloridos, uma festa. As mulheres completamente peruas com toneladas de maquiagens e litros de laquê; interessante que a maioria faz o tipo mais europeu, não há muitas indígenas apresentando, elas são louras como a Hebe Camargo ou morenas tipo espanholas.

Houve um tempo em que eu ficava horas em frente a uma tela de TV assistindo tudo que era apresentado. Acredito que houve um tempo em que absorvi muitas informações importantes para minha formação geral, cultural, humanista e de inutilidades. Tudo bem que a dinâmica do meio hoje é bem distinta da de antigamente. Apesar de mais pudica, o conceito de politicamente incorreto não vigorava e basta dar uma breve olhada em comerciais, programas de humor e novelas da época, racismo, preconceitos de todas as espécies, *bullying*, comerciais de produtos nocivos à saúde e ao meio ambiente eram veiculados sem nenhuma restrição ao conteúdo. Havia censura aos temas sexuais, muito pudor, nada de nudez ou atos sexuais. O assunto era abordado de maneira superficial, quase com inocência, preservando os valores das famílias, sem palavrões ou linguagem chula, no máximo uma gíria popular.

Sempre houve apresentadores populares, voltados para o povão, tipo Chacrinha e Silvio Santos — foram os primeiros que vi criarem um apelo irresistível para a grande massa. O Sílvio é definitivamente o mais longevo, até hoje cacareja no SBT o seu canal de televisão. De programas de calouros a competições de conhecimento geral, ele já explorou de tudo. De tom popularesco, expondo o ridículo e as mazelas de seres que quase não tinham esperança ou desejavam só o brilho fugaz dos 15 minutos de fama. Vivendo do lado cão humano. Jogando dinheiro para a plateia e vendendo o seu Baú da Felicidade, prometendo prêmios que mudariam a vida dos felizes ganhadores. Um verdadeiro estelionato.

Outros clássicos são o Raul Gil, o Bolinha e a Hebe Camargo, esses exploravam os programas musicais, tentando dar uma roupagem chique a um conteúdo brega. A Hebe foi a decana e o seu programa era frequentado por toda a nata da música brasileira e pelos mais populares. Ela fazia a linha mãezona metida a chique, sempre louríssima e coberta de joias caríssimas. E aí vieram outros pilantras com nova roupagem, mas com as mesmas estratégias, Faustão, Huck, Bolinha, Datena e Ratinho, um monte de canastrões especializados em vender ilusões aos incautos telespectadores. Com o tempo fui criando ojeriza por esse tipo de programa, atualmente não tenho paciência alguma para esse modelo de conteúdo.

Não posso deixar de citar os programas infantis e suas apresentadoras, nessa área comecei vendo a Tia Arilma, com seu Parquinho, programa local com crianças baianas, deu origem a algumas estrelas infantis e a mais famosa foi a pilantra da Mara, que diziam que se mudou para São Paulo para abafar o escândalo de ter sido estuprada pelo filho do dono da emissora; lá foi jurada do Silvio Santos e teve seu próprio programa infantil antes de virar cantora gospel. O Parquinho de Tia Arilma foi muito popular entre as crianças de minha época e tempos depois a vi num programa político alertando aos pais que comunistas comiam crianças. Depois veio a fase das louras, Xuxa, Angélica e Eliana foram as mais representativas daquela época e são as responsáveis por um marketing agressivo de produtos voltados ao público infantil que obrigou os pais a comprarem muitas merdas para seus filhos. Assistia aos desenhos que eram parte da programação, mas meus irmãos mais novos eram espectadores fiéis. São parte do inconsciente coletivo de quem tem menos de 40 anos.

Houve alguns que tentavam dar um verniz mais intelectualizado ou de bom gosto aos seus programas, mas poucos fizeram sucesso, acho só o Jô Soares se manteve no topo por muito tempo. Foi a temporada dos programas de entrevistas, lembro-me do Clodovil e Marília Gabriela como precursores desse movimento. O do Jô consolidou-se como um programa de bom gosto e com entrevistas inteligentes, apesar da presunção do apresentador. A Marília também tinha o mesmo defeito de querer ofuscar os entrevistados. Ainda assim assisti a grandes entrevistas com pessoas muito brilhantes. Achava interessantes as entrevistas do Clodovil, pois eram meio *nonsense* algumas vezes e ele provocava situações inusitadas com suas perguntas inconvenientes, porque às vezes ele fazia perguntas meio sem noção.

Pressinto que esses tipos de programas já não alcançam as classes mais informadas, é uma plataforma para as classes C e D, cheias de estórias de superação, ajudas milagrosas, reformas de casas, até cirurgias plásticas e festas de casamentos. A breve ilusão de felicidade que não resistirá quase nada após a saída da equipe de produção do programa. Vendem uma falsa ilusão a esses pobres miseráveis que vão se iludir com algo fora de suas realidades.

Na TV a cabo assisto a transmissão da mediocridade da cultura estadunidense. O nível do mau gosto chega à estratosfera. Os programas abordam os temas mais absurdos que a falta de imaginação pode conceber, há para todos, gordos, magros, anões, viados, *drags*, crianças chatas, gatos, cachorros, machos, solteiros e casados. Todos ridiculamente representados. O que for possível para ficar uma hora divagando sobre o nada. Mas devem ter audiência, afinal a maioria tem mais de uma temporada.

Aqui está tendo surto de Zika e Chikungunya, só saio besuntado de repelente. Muitos haribôs nas ruas e muitas agências de turismo oferecendo roteiros para os incríveis lugares que existem nas redondezas, só de ver as fotos já surge o desejo de conhecer. Consegui o traslado pelo equivalente a 60 reais, e olha que fica a oito horas daqui. Nas ruas há sempre alguém vendendo frutas in natura como se fosse sorvete, hoje criei coragem e comprei um copo de manga, que eles descascam e fatiam na hora; se você quiser pode comer com sal, pimenta e outros temperos, mas a preferi natural e nunca havia comido uma manga tão doce e macia. Os quitutes vendidos nessas ruas das cidades exercem uma atração poderosa sobre mim. Ah, o beiju de coco de Bonfim é um desses quitutes, só de pensar vem-me à memória do paladar a delicadeza de sabor que uma massa fina de tapioca, cozida, recheada com coco ralado e leite de coco pode ter. Um sabor que nunca encontrei nas "tapiocarias" que abundam nas grandes cidades. Aquele sabor que não esqueço e que ainda está lá em Bonfim, vendido por mulheres que percorrem as ruas com seus tabuleiros cuidadosamente cobertos com panos de pratos bem alvos, ofertando por um preço irrisório a saborosa iguaria.

Nos meus sentidos estão gravados o ponto certo de sabor e textura que me agradam, a fina massa branca com um granulado tão sutil que fica aveludada ao paladar, adocicada pelo coco, quase se dissolvendo na boca, mas mantendo uma suave resistência gelatinosa que a tapioca adquire ao ser cozida. Lembro-me de uma senhora que passava por minha rua no final da tarde vendendo um beiju inesquecível, foi quando comecei a trabalhar, e eu comprava sempre, devorando vorazmente e dividindo com quem estivesse em casa no momento. Era tão barato!

Minha mãe e minhas irmãs, e até eu, fazemos os beijus. Mas nenhum fica igual ao das vendedoras ambulantes. Em casa o cuscuz de tapioca fazia mais sucesso e faz parte dos meus agrados gastronômicos. Anos após ter saído de Bonfim, reencontrei aquela senhora ainda vendendo os seus beijus nas ruas da cidade, claro que comprei alguns e fiquei incomodado porque achei que ela passava por dificuldades, parecia abatida. Não a questionei porque fico incomodado com esse tipo de pergunta por não ter intimidade suficiente para fazê-la e também por não gostar de me envolver. Hoje quando estou em Bonfim sempre procuro esses beijus, mas não encontro nenhum como os daquela senhora e nas tapiocarias as massas não me agradam, acho grosseiras e sem sabor e a variedade de recheios me confunde. Gosto da tapioca como um doce e os recheios salgados não me atraem, no máximo com goiabada ou leite condensado. Coisa de paladar de gordo.

Depois do almoço descansei um pouco e me levantei no início da noite para ver a quermesse que está montada em frente ao hotel. Há um palco para apresentações e uma feirinha de produtos típicos, muito variados, vende-se vários tipos de moles, temperos, grilos, molhos à base de grilos e de gusanos, sementes torradas, bebidas, enfim, um monte de coisas que não conhecemos no Brasil. Fazem uns pães de nata na hora chamados de gorditas, que podem ser recheados, uma delícia. Há também o artesanato de roupas e joias típicas, muita comida regional. Tentei comer um sorvete com pimenta, mas não consegui, dispensei a pimenta. Foi muito legal, uma pequena imersão na cultura local. Terei mais tempo para conhecer, vou descansar porque amanhã acordo às cinco para ir para Palenque. Vou dormir com a música infantil que eles estavam dançando e que no refrão imitavam o que a música cantava, seria politicamente incorreto no Brasil imitar "estatura de anão" ou "cabeça de Olmeca" (aquelas cabeças gigantes da cultura Olmeca que não têm pescoço).

Dia 12: 14/05/16

San Cristobal de Las Casas, Ocosingo, Agua Azul, Misol Ha, Palenque

Dia punk hoje, acordei às quatro e meia da manhã e só retornei às dez e meia da noite, mas considero que o esforço valeu a pena. Conheci um dos lugares que mais desejava nessa viagem, o sítio arqueológico de Palenque, uma das grandes capitais Maia. Está situado a cerca de 200 km de San Cristobal, o problema é que a estrada para lá é extremamente acidentada, corre por sobre montanhas altíssimas, ou seja, curvas e mais curvas em subidas e descidas espetaculares, a faixa de ultrapassagem é praticamente contínua, elas são perigosas e a estrada tem muito movimento. A velocidade média é de menos de 50 km por hora. Passei por isso quando fui ao Semuc Champey na Guatemala, é o mesmo relevo, afinal Chiapas já pertenceu à Guatemala.

Na cidade de Ocosingo uma parada necessária para o café da manhã, depois de três horas de estrada. Quando entrei no micro-ônibus encontrei uma tumba com 21 pessoas em estado de catalepsia, só o motorista parecia vivo, afinal para dirigir por aquela estrada tem que ter algo de herói. E olha que não confio na acepção que normalmente se dá a essa palavra, não confio, não acredito em heróis, deploro essa necessidade de construir mitos, celebridades, heróis e lendas. Parece que a humanidade precisa dessa mitologia. Somos educados com referências aos grandes homens, aos líderes, aos próceres, seres imortalizados, homens maravilhosos que se destacaram por alguma façanha heroica ou invejável, por seus feitos impressionantes e invejáveis. Cresci no período da ditadura e ainda trago na memória os nomes e os feitos dos próceres da pátria, a maioria milicos como Duque de Caxias, Almirante Tamandaré dentre outros. Nas escolas os seus feitos pela defesa e glória do Brasil eram relembrados e reverenciados. Hoje não me dizem nada, na verdade até repudio a maioria deles. A admiração foi desfeita, quando percebi a mitificação de Duque de Caxias que, contavam, conduziu os brasileiros à vitória na Batalha de Itororó da Guerra do Paraguai, com a heroica frase:

"Quem for brasileiro que me siga!". Um apelo forte e estimulador que despertava meu patriotismo e o desejo de defender a minha pátria, até que li *As Veias Abertas da América Latina*, de Eduardo Galeano, em que descobri os genocidas que os brasileiros foram para os derrotados, sobraram poucos machos, estupraram e mataram velhos, mulheres, crianças e destruíram as estruturas econômicas do Paraguai. Em um período anterior o Brasil também interferiu no Uruguai e anexou grande parte do seu território. Os brasileiros que o seguiam eram essencialmente negros e nordestinos mal treinados e famélicos que morreram aos milhares nessa guerra indigna.

Heróis para mim só os da Marvel e da DC, que vivem no universo das revistas em quadrinhos como o Homem Aranha, Super-Homem, Batman, Capitão América, Demolidor, X-Men, Vingadores, Surfista Prateado e centenas de outros que me acompanham desde a infância. No nível do imaginário até eu me vejo como super-herói, se não para os outros, ao menos para mim. De pequeno, acreditava que os adultos que me cercavam, os pais, os tios, os avós e alguns amigos deles eram seres poderosíssimos, meus protetores, que me livraram de malefícios, dores e perigos e ainda me proporcionavam descobertas incríveis. Achava que eram imortais, invencíveis e intocáveis. Infelizmente veio a adolescência e todos os mitos se humanizaram, vi suas fraquezas e defeitos, principalmente os defeitos.

Nesse amadurecimento substituí o heroísmo por admiração e respeito. Admiro muitos, em muitas áreas do conhecimento humano, seres como Caetano, Gil, Chico, Milton, Gonzaguinha, Luiz Gonzaga, Bethânia, Gal, Criolo, Cassia Eller, Beethoven, Puccini, Bach, Mozart, Marisa Monte, Arnaldo Antunes, Pink Floyd, Beatles, Nirvana, Madonna, Beyoncé, Martinho da Vila, Cartola, Clementina e tantos outros milhares de músicos. E vem Van Gogh, Miró, Picasso, Klint, Monet, Manet, Rembrandt, Da Vinci, Goya, Brueguel, Modigliani, Hooper, Kandinsky, Tarsila, Di Cavalcanti, Portinari, Volpi, Renoir, Soutine, Seurat, Degas, dentre os pintores, junto a Rodin, Michelangelo, Canova, Belini, Brecheret, Tapies, Aleijadinho, Brennand, Botero, Henry Moore, Ron Mueck e Calder para os muitos escultores que admiro. Nem é bom listar meus autores literários, são muitos! E há espaço para admirar os cientistas, os matemáticos, os engenheiros, os filósofos, os sociólogos e todos os teóricos e práticos que criam, constroem, formulam, teorizam, inventam e indagam sobre a complexidade que é viver a humanidade e suas necessidades. Indagam as razões que nos movem como humanos.

Desprezo esse embuste que a mídia usa para conseguir audiência em ridículos e desnecessários *reality shows*, nomeiam como herói qualquer ser, por medíocre que seja, insignificante que seja, inútil que seja, tudo por conta de uma motivação abjeta que é a curiosidade mórbida de alguns humanos. Na TV aberta e nos canais a cabo, não há o menor pudor em explorar a limitação de seu público cativo com artifícios requentados de insinuação sexual, sexo mesmo que não explícito, competição, traição, amizade, superação, empatia e antipatia. Os seres miseráveis que absorvem esses conteúdos se reconhecem no que há de mais fudido na natureza humana, a certeza de que há alguém mais fudido que ele.

Mas, como somos muito humanos, o café era necessário, ainda bem que era bufê, porque não tenho estrutura para comer do jeito que os mexicanos comem no café da manhã, heroicamente; é muita coisa, feijões, sopas e caldos, além dos tacos e vários outros tipos de antojos, até chegar ao café. No balcão achei algo parecido com pamonha, mas ao abrir as folhas de banana o que estava lá parecia mais um abará, mas era gostoso, uma massa cozida com um recheio de carne desfiada com um molho.

A seguir, a primeira parada foi Água Azul, uma grande queda d'água que tem suas águas em tons de azul, infelizmente estava chovendo e a água estava barrenta, e mesmo assim valeu a pena. As águas do rio se espalham por uma grande área em declive, formando dezenas de cataratas, em vários patamares, em várias direções, criando um cenário muito bonito, e podemos caminhar por entre as cataratas por passarelas e passeios, o que proporciona uma imersão bem maior. Há trilhas para profissionais, o que não é o meu caso. Também há um grande mercado de artesanato com peças muito bem-feitas, bonitas e baratas, ainda bem que não aceitam cartão e que eu só tinha uns poucos pesos mexicanos, senão teria quebrado minha intenção de não carregar nada que dificulte meu deslocamento.

Seguimos para outra cachoeira, Misol-Ha, mais linda, onde dois delicados véus de água caem do alto de uma grande rocha côncava num poço logo abaixo. O cenário é bem romântico pela simplicidade e grande beleza estética, devido ao formato da rocha é possível passar por baixo da queda por uma passarela. A água parecia uma cortina translúcida e fluida, coisa de sonhos. Pura poesia.

O grupo desse passeio era essencialmente formado por mexicanos, o estranho era eu, mas como sempre foram muitos delicados. Estava apertado na última fileira de bancos e ao meu lado um jovem casal com duas crianças bem pequenas, a menina era um bebezinho ainda e o garotinho estava começando a falar, mas eram muito fofinhos e bonzinhos e em nenhum momento estressaram, mas achei muito bonito o carinho dos pais com eles, e o menininho era uma peça, muito esperto.

Só chegamos em Palenque depois das duas da tarde, tínhamos duas horas para conhecer o local, o pessoal contratou um guia e resolvi aderir ao grupo. Ele contou algumas coisas: há mais de 1.500 prédios sob a selva em Palenque, mas no sítio só está restaurado um conjunto de cerca de 13 estruturas, a exposição de todos os prédios destruiria a selva, o que pode ser uma das razões do abandono da cidade, assim como em todas as grandes cidades maias há um mistério sobre seus abandonos. Vi isso em Tikal e Chitzen Itza e uma das hipóteses é que os maias causaram a exaustão dos recursos naturais e tiveram que abandonar suas cidades. Dizem também que eles tinham contato comercial com outros povos como os árabes, fenícios e chineses, os grandes comerciantes antigos, informação que parece ter saído do seriado *Alienígenas do Passado* que eu adoro.

Vi alguns calangos observando os grupos que se deslocavam estre as construções, iguanas, como são chamadas por aqui, e lembrei que em Brasília calango é o gentílico para designar os primeiros habitantes da cidade, os que chegaram para construí-la e povoar a região ainda virgem. Interessante é que lá não costumo encontrá-los nos meus percursos, não da maneira que eles apareciam lá na Bahia. Desde a minha infância convivi com catendes, lagartixas, teiús, camaleões e calangos, répteis de todos os tamanhos e cores, que, em comum, tinham o aspecto pré-histórico, miniaturas de dinossauros. Os teiús são grandes lagartos escuros que habitam regiões úmidas, são grandes e bonitos e caçados para compor a mesa de alguns aficionados. Espero que estejam protegidos pelo Ibama porque senão devem estar próximos da extinção. Na minha região a maioria dos animais silvestres eram caçados e comidos sem o menor pudor. O instinto de caçador era despertado desde cedo; lembro-me de que a garotada capturava camelões e os amarrava com barbantes ou cordas tecidas com palhas e os arrastava pelas ruas, exibindo-os como troféus, algo como caçadores em safaris africanos. Os pobres animais eram mutilados, torturados até a morte, aí a brincadeira perdia a graça e os cadáveres eram abandonados, deixados aos urubus. Os dias eram assim, não éramos nada ecológicos, acho que a função nem existia.

No Jardim da Piedade, em Salvador, eles eram moradores ilustres, habitavam o jardim e conviviam com os transeuntes em completa harmonia, tranquilamente e lentamente se moviam pela grama, pelas calçadas, árvores e esculturas da praça. Passeando, acasalando, dormindo, tomando sol, num eterno domingo. Às vezes alguns desavisados se assustavam com os bichos, tudo sem traumas ou vítimas. Infelizmente tiveram um fim triste quando a praça foi invadida por drogados e moradores de rua em meados dos anos 90. Os famélicos devoram os bichinhos. Esse pessoal acabou sendo expulso do local e a praça foi cercada com grades e portões que são fechados à noite, mas o prejuízo foi grande para os répteis.

Em Guayaquil no Equador há uma praça conhecida como Plaza de Las Iguanas, onde elas são uma atração conhecida na cidade. Há algumas imensas, outras ficam negras pelo mimetismo característico da espécie. Uma diversão para crianças e seus pais. Espero que não tenham o mesmo destino das de Salvador. Conheci a praça quando voltava de Galápagos e lá vi as famosas iguanas-marinhas, uma maravilha da adaptação da natureza, puro Darwin. Elas mergulham nas praias para pescarem seu alimento e o lugar é tão preservado que elas não se assustam com a presença de humanos, não nos vê como predadores.

Gosto de répteis, admiro-os, é legal vê-los se mover velozmente ou com pachorra, com seu andar característico e parar subitamente, observarem atentamente o ambiente e sacudirem a cabeça como se concordassem com algo ou meditassem e chegassem a alguma conclusão. Depois desaparecem num átimo se movendo como se a gravidade não existisse. Nos muros de minha casa em Bonfim os calangos serviam de alvo para Abel, meu irmão, aprimorar sua pontaria com o badogue ou para aplacar os instintos de caçadoras das gatas de minha mãe. Eu me interessava pelos ninhos cheios de ovos das lagartixas que eu encontrava, muitas vezes entre os tijolos dos muros, e que serviam de cobaias para minhas "experiências científicas". Gostava de ver suas mães caçando à noite os insetos que habitavam a casa, atraídos pela iluminação. Depois li nos livros de Mia Couto e Agualusa que na África elas são conhecidas como "osgas" e são consideradas reencarnação de mortos. O livro *Vendedor de Passados*, de Agualusa, é um ótimo e lindo exemplo dessa crença.

Em Palenque o conjunto arquitetônico aberto à visitação é pequeno, mas há dois prédios que justificam a vinda, infelizmente o Templo das Inscrições está fechado, é uma pirâmide construída para abrigar o sarcófago de Pacal, o grande líder Maia que viveu mais de 80 anos e governou o povo desde os 12 anos. Há suspeitas de que ele era alienígena, o relevo em sua tumba é cheio de simbolismos, até o que o autor de *Eram Deuses Astronauta*, Erik Von Daniken, observou de outro ângulo e sugeriu que a imagem retrata Pacal dirigindo uma nave espacial. O legal é que parece mesmo e a imagem foi muito divulgada e sempre é exibida quando se falam desses mistérios alienígenas. O outro grande prédio é o Palácio dos Governadores, foi a construção mais completa que já vi de uma residência funcional, há pátios, sacadas, quartos, banheiros, enfim, toda estrutura palaciana construída com requinte de detalhes e muitos dos painéis ainda estão visíveis, pena que perderam as cores que os ornamentavam.

Os guias nos levaram para uma breve incursão pela selva (dez metros para dentro do mato), eles fazem uma pequena demonstração do conhecimento fitoterápico dos maias, isso ao som dos roncos dos macacos que se ouvem a quilômetros, um pouco interessante, há até uma folha que é usada, segundo eles, para fazer a tinta que colore o verde do dólar.

Depois disso tudo uma longa viagem de volta a San Cristobal, muito longa, o que vi nas margens da estrada é o estado de precariedade em que vive a maioria do povo aqui, casas precárias, sem iluminação pública, crianças trabalhando, a denotação da pobreza. São muitas etnias que vivem por aqui e dá para distingui-las observando as vestimentas das mulheres, elas usam saias longas com algum tipo de ornamento, faixas, estamparias ou bordados, e batas com bordados e algumas com uma cinta que cerca a cintura e todas se vestem iguais, como se fosse um uniforme. Parece que é uma nova visão do universo feminino que por mais que gastem e comprem muitas roupas, quando você as vê na rua parece que todas estão usando a mesma estampa, as mesmas cores, os mesmos modelos, uma variação do mesmo tema como um uniforme. As daqui já resolveram o problema.

Estou estarrecido com os rumos que o novo governo está tomando no Brasil, a exclusão das mulheres do primeiro escalão me parece um recrudescimento na história, vão devolvê-las ao lar, onde elas deveriam estar, recatadas e belas, como já disse o honorável, mas, por enquanto, as deixam como secretárias. Nunca gostei dessas coisas que usam em nome das mulheres, como empoderamento, tratamento como minorias etc. Na minha vida sempre convivi com mulheres muito competentes, outras nem tanto, e não vejo nenhuma diferença com os homens com que convivo. No livro *Sapiens* do israelense Yuval Noah, em determinado momento ele tenta explicar por que os homens acham que têm essa ascendência sobre as mulheres, e ele diz que normalmente a justificativa é que eles são mais fortes, mas o autor deixa claro que a força nunca foi a prerrogativa dos grandes líderes.

Estranho ver os noticiários do Brasil, a foto do honorável e seus próceres, uma galeria de homens sérios, uma pose de quem vem para acabar com a bagunça em que estava o Brasil, ela que parece ser o conjunto daquilo que eu mais gosto, do que mais me deu orgulho: a folia que a negada fez quando adquiriu direitos e relevância social e que nos tornou mais iguais e afastou, ou pelo menos reprimiu, os babacas preconceituosos. Parece que avisa, "bobagem, igualdade só para os escolhidos", os outros devem estar a distância, depois do fosso do castelo.

Acho importante gravar esses pensamentos em meus diários de bordo que escrevo durante as viagens que faço. Garante uma memória em tempo real que posso reviver a qualquer instante, uma garantia de que não vou falsear a memória dos fatos que ficaram em algum lugar do passado, perdidos em escaninhos dos labirintos do meu cérebro, coisa que o tempo faz muitas vezes, ajudando a confundir o que foi real, ou o que adquiri com a imaginação. Gosto muito de anotar esses relatos em Moleskines, tenho vários preenchidos com as memórias de outras viagens, nem sei se retornarei a eles, mas os mantenho sempre ao alcance de minhas mãos, como registros fidedignos dos caminhos que já trilhei.

Na primeira vez que saí do país, foi para uma viagem à Europa, entrando por Portugal e passando por Espanha, França e Itália, estava com Aureni, Ademir, Adriana, Rosana e Alex, foi um grande momento porque tudo era muito novo e inusitado para todos nós, muitas descobertas, micos, experiências, tudo no lugar certo para criar o momento da memória. Foi nessa viagem que iniciei meus relatos, eram textos que postava no Orkut, relatos extremamente detalhados do que tinha conhecido, comido, visto e vivido naqueles dias. Eram textos despretensiosos e funcionavam, para mim, como se fosse uma carta que eu escrevia aos familiares e aos amigos que estavam no Brasil. Daí em diante criei o hábito de montar estes diários. Hoje, quando escrevo tento ser mais conciso e, quando possível, mais assertivo. Normalmente faço as anotações à mão livre, no final do dia, relembrando os eventos que presenciei, sem muita edição e até meio caótico, mas ao transcrever para postar, refaço o texto, tentando deixá-lo mais coerente e mais leve, sem muitos erros de Português. Sei que alguns amigos leem os textos, alguns até gostam, mas para mim é mais um exercício de criatividade que me estimula muito.

Desde criança gosto de relatos de viagens, do tempo das leituras dos livros de Julio Verne, de Monteiro Lobato, de *A Ilha do Tesouro*, *As Viagens de Gulliver*, são alguns dos títulos que mexeram com minha imaginação nessa época. Mais tarde embarquei em outras viagens, mais complexas, como *On The Road*, *Lugares Distantes*, *A Ilha do Dia Seguinte*, *Cidades Invisíveis* e em tantos outros tipos de viagens, tantos autores andarilhos e viajantes, em outros tipos de loucuras e destinos insuspeitados, mas sempre me conduzindo pelos seus caminhos.

Antes imaginava como seriam os lugares, as pessoas, as culturas, como construíam, como moravam, como comiam, como homenageavam, como rezavam, como erigiam monumentos e cidades. Os detalhes de sua geografia, sua topografia, vegetação e clima. Agora que posso vivenciar e criar essas impressões com meus próprios sentidos, sou instigado a partir para novos destinos, viver novas aventuras e registrar em meus diários de bordo, e talvez, quem sabe, quando não tiver mais a mobilidade necessária nesses deslocamentos, possa reviver as minhas trilhas folheando os velhos Moleskines, relendo as páginas que escrevi em outros tempos.

Dia 13: 15/05/16

San Cristobal de Las Casas, Cañion del Sumidero, Chiapa de Corzo

Hoje concluo minha passagem pelo México, já estou na Central América e continuarei amanhã pela Guatemala, em San Pedro da Laguna na margem do Lago Atitlán, que não conheci na outra passagem por esse país, dizem que não se conhece a América Central se não conhece seus grandes lagos e Atitlán é um deles.

Já caminhei muito por esses dias, gastei muito a sola do sapato, mas ainda não criei calos. O calor é opressivo, mas nasci no sertão da Bahia, em uma terra às vezes inóspita, às vezes surpreendente, sofríamos as agruras do tempo na pele, sem muito alívio, sujeitos às secas prolongadas e sem os acessos que as cidades modernas têm: não havia energia elétrica, água encanada, nenhum conforto tecnológico a não ser os rádios de pilhas, o único alívio era a inocência da infância. Vivíamos como os moradores das aldeias da Idade Média, a água era transportada por jegues em barris de madeira ou de zinco, a iluminação era basicamente vinda de candeeiros, a iluminação pública era alimentada por motores a diesel que eram desligados às dez da noite. Geladeiras não existiam para conservar alimentos, a carne normalmente era seca ao sol para poder resistir mais tempo até ser consumida e a carne fresca vinha de animais que foram abatidos em algum quintal ou curral dos vizinhos e deveria ser preparada no mesmo dia. E ainda vivíamos sob um sol inclemente, num clima de deserto com altas temperaturas, sem alívio de ventiladores ou ar-condicionado. Quando as secas se estendiam, os rios secavam, a agricultura não produzia nada, vivíamos com os grãos de outras colheitas, a criação começava a morrer e o cheiro de carniça se espalhava no ar. Muitos passavam fome, muitos migravam para outras regiões mais propícias. Minha família sofria as consequências, mas conseguia sobreviver a essas adversidades.

Em minha memória persiste a lembrança do calor opressivo, e eu à procura de uma brisa ou sombra que atenuasse aquele inferno, a alegria de encontrar uma lagoa ou rio que ainda tivesse água para me refrescar. Havia o flagelo das moscas e muriçocas, tão vorazes que pareciam saídas das pragas egípcias. Um horror! E me lembro da alegria das primeiras chuvas após as secas, a criançada se esbaldando sob a água abençoada que caía do céu, molhava a terra, baixava a poeira, corria em enxurradas pelas ruas, molhando o mato, molhando a cidade e nos molhando.

Em Salvador o calor tinha um caráter dúbio, de um lado o sofrimento quando estávamos trabalhando, nos deslocando sob um sol de 40 graus pela cidade, molhados de suor, derretendo no transporte público e sentindo o mau cheiro que toda a cidade emanava naquela imensa sauna. Do outro lado era o *dolce far niente* dos dias de folga, se embebedando, paquerando, bronzeando, banhando no mar, em qualquer praia do extenso litoral que a cidade tem. Muita diversão e prazer.

Em Brasília o calor assume uma sensação quase insuportável na previsível seca que se estende por vários meses, anualmente, entre agosto e outubro. Quase não há umidade, uma sensação de que você está se desidratando aos poucos e que vai virar pó, que vive num imenso micro-ondas. Qualquer atividade física ao ar livre torna-se uma façanha homérica se você não estiver ao abrigo de uma boa sombra. A pele resseca como palha, precisa de galões de hidratante para não trocar de couro como uma cobra. Por essas razões e por esse passado prefiro climas mais amenos, tendendo ao frio. Penei no Egito com seu clima absolutamente estéril, abafado e seco, mais do que qualquer outro lugar onde já estive, como aqui no México e outros países da América do Sul, mas considero os países da África e do Oriente Médio os mais quentes por onde já passei.

Aqui no México tive a oportunidade de conhecer lugares que parecem ter saído de sonhos e, ainda assim, sinto que não vi quase nada, na mente a ideia de voltar para saber de novos destinos, explorar...

E hoje, no último dia, mais uma grata surpresa, o Cañion del Sumidero, um caminho de 35 km, percorrido em duas horas de lancha, margeado por paredões, muralhas monumentais, intransponíveis, de até um quilômetro de altura em impressionantes ângulos retos. A impressão de caminho de deuses na terra, paisagem de gigantes e de que nós humanos, ínfimos, invadimos esse cenário, cruzando essa imensidão numa embarcação que parece uma casca de noz diante do titânico, uma fragilidade, uma temeridade. Surpresas a cada novo olhar, no que a imaginação desvela, criam-se formas, provocam os sentidos: uma estalactite ou um cavalo marinho? Cascatas de rochas derretidas? Árvores petrificadas? É o que se sonha! Aves aquáticas em seu ambiente, pelicanos pescam em água doce, crocodilos refestelados, árvores equilibristas se exibem num delicado balé, sobrevivendo de um solo improvável, bonsais do guano, e inusitados urubus elegem o seu berçário naquelas margens. Pacificamente essas vidas se expõem lentamente diante de nossos olhos. E eu, como diria Caetano, cego às avessas, "Sou cego de tanto vê-la". Uma inspiração telúrica que às vezes me pega, vou me distanciando do meu ser urbano e deixo aflorar o ainda silvestre que tenho de origem, a parte que me aproxima do primordial, dos elementos, dos que nunca deixamos de ser uma parte. Assim mesmo, bem simples.

Mas temos que voltar, e aí atracamos numa cidade fundamental na região, Chiapa de Corzo, que traspassou a história e a formação da região, vem de tempos primordiais e continua simples com seus descendentes vendendo artesanato para turistas. Tem igrejas ancestrais, e a anta aqui ainda caiu na besteira de escalar 62 degraus de uma escada em espiral, num campanário altíssimo para ver um sino; meu joelho agradece. Já jurei várias vezes que não vou fazer esse tipo de esforço inútil, mas de vez em quando esqueço, lembro-me quando estou todo suado e sufocando sem ar.

Nas ruas se vende um monte de comida típica, provei o pozol, uma bebida feita de milho e chocolate de origem maia e que funciona como energético, não é ruim; também provei uma raspadinha com leite queimado, gelo, bananas em rodelas e baunilha, muito deliciosa. Queria almoçar para comer o Cochino Horneado, um leitão assado inteiro no forno com tempero local que eles vendem em restaurantes e em barracas na praça, mas não daria tempo por causa dos horários previstos no passeio, uma pena, aparentava estar muito gostoso o que vi. As ruas estavam movimentadas, os locais têm o tipo físico dos indígenas pré-colombianos, sem miscigenação, assim não se adivinha a herança hereditária dos espanhóis ou qualquer outro tipo de estrangeiro no meio desse povo. Levam os cabelos lisos e negros bem característicos dos mexicanos nativos.

Ao falar de cabelos uma cena sempre me vem à mente e passou-se num dos domingos nos velhos tempos do Porto da Barra, logo que cheguei para morar em Salvador. Dias festivos, cheios de juventude, liberdade, todos abertos para curtir o que viesse em reuniões festivas e inconsequentes, um grupo grande e bem diverso, em comum a alegria e a disposição que aquele tempo de descobertas proporcionava, era hora de viver e ser. Havia também uma grande diversidade capilar, transitando entre os louros, os negros, lisos, encaracolados, crespos, pixaim e carecas, alguns cuidados, mas a maioria seguia seus impulsos, como se as madeixas tivessem vida própria. Motivos de piadas e gozações que não eram levadas a sério, e no caso do Zé Lima era ainda mais divertido porque ele repetia a mesma atuação sempre, era só esperar a saída estelar que ele executava quando saía da água após um mergulho. Apesar de ser negro, ostentando uma carapinha curta e crespa, ao caminhar pela areia em direção ao grupo executava um balé com a cabeça, como se balançasse longas madeixas molhadas, maneando a cabeça de um lado para outro bem lentamente, como se estivesse num comercial de shampoo. Era a própria Vênus de Botticelli nascendo da espuma do mar. Para completar a performance, ele prendia os poucos fios com as mãos e os espremia como se estivesse secando um molho de longos fios retos, movimentando graciosamente a cabeça e fechando os olhos bem coquete. Até esse momento, observávamos em silêncio, curtindo o ritual que ele sempre encenava, então alguém dava a deixa: "Cuidado, Zé, o vento está batendo as pontas dos teus cabelos nos meus olhos!". Aí era gozação total.

  Não fui feliz com minha herança capilar, sempre tive cabelos sem personalidade, sem estrutura ou estilo que nem resistiram por muito tempo quando me tornei adulto, rarearam e encaneceram rápida e precocemente. Desisti de qualquer vaidade e adotei a máquina zero para me manter careca. Antecipei-me à natureza. Pronto, problema resolvido! Não preciso sofrer para seguir as tendências da moda para esse setor. De vez em quando, nos ciclos que as tendências têm, as carecas ficam na moda e então estou dentro. O horror é que de vez em quando aparece uns certos cortes de cabelos que... Tenham paciência! Ridículos e normalmente lançados por jogadores de futebol e cantores sertanejos, prontamente seguidos por um monte de imbecis, sem o menor senso de estética ou de ridículo. Percebo que cabelo é moldura e quem tem personalidade não precisa seguir modas para ficar bonito com o que tem à disposição. Isso não funciona para a maioria das mulheres, as perfeitas vítimas da ditadura da moda. Eternas reféns da estética, se negras querem os cabelos lisos, se morenas querem louros, se lisos querem crespos e aí têm à escolha delas toda uma indústria sem fim de produtos que podem realizar seus sonhos. E aí nos deparamos com cabelos que parecem copiados de um Playmobil ou dos pelos de um poodle. Franjinhas, mechas multicoloridas, cobras roubadas da Medusa, das negras louras e brancas rastas. Não há limite para as escolhas, elas têm tudo ao alcance no primeiro salão de beleza que encontram havendo ainda a imaginação do cabelereiro. Aliás, ao ver as promessas que se anunciam nesses lugares cabe contestação, como se não bastasse o infinito arsenal químico que está à disposição dos cabelereiros, que até hoje não sei se não pode ser classificado como armas de destruição em massa (se convenientemente manipulado), eles ainda criam tratamentos dignos de ganhar um prêmio Nobel de química. Certa feita vi o anúncio na porta do salão de beleza que ofertava "nanoqueratinização", fiquei curioso e tentando entender o que era. Uma amiga me explicou que era uma técnica que consistia em abrir os poros dos fios de cabelos e injetar queratina em nível nano para revitalizar a cabelereira. Atônito eu perguntei: "E vocês acreditam nisso?".

Acho que os mexicanos não precisam disso, seus cabelos são lindos.

A cidade estava um forno, mas em San Cristobal caía uma tempestade, aqui tive o melhor clima do México, faz até frio.

Ontem à noite saí para comer alguma coisa após a meia noite e o centro da cidade estava fervilhante, muitos bares, boates e gente bonita transitando, só não fiquei porque nessa viagem estou só e não quero me arriscar a cair numa noitada e correr os riscos que o álcool proporciona se você está sozinho. Comi um prosaico hambúrguer, mas estava muito bom, e tinha a cor local, um potezinho com jalapeño curtido, fiz de conta que não vi.

E retorno às minhas lembranças que são tão traiçoeiras. Elas não me permitem que eu seja *cúmplice* de mim mesmo, confundem, perdem a clareza e o fio que deveriam amarrá-las. *Não cumpri os ritos, a disciplina que o amor exige, a única prioridade que entendia era a minha, a voz também:* aonde ir, o que comer, o que ver e com quem sempre foram minhas definições. Agora revendo e vendo tudo isso por onde tenho andado, sinto que essa viagem seria uma possível escolha que ele faria se eu permitisse ou desse a voz a ele, mas eu não soube ouvir...

O que eu sabia era que queria conhecer Paris, que precisávamos conhecer Paris, precisávamos estar em Paris! Mas eu já conhecia Paris e isso me parecia confuso, mas sentia que precisávamos viajar pela Europa onde havia tanta beleza, tanta cultura, toda a informação de que necessitávamos. Esse era meu desejo porque era eu quem queria me perder pelas vias parisienses, como se fosse rever uma cidade em que nunca estive, mas que me parecia muito íntima de tanto que sabia sobre ela. Já havia lido tudo que era possível e visto também, livros, filmes, documentários, postais. O que citasse a mágica palavra: Paris! Conhecia tantos países no mundo, mas não conhecia essa Paris! Não por falta de querer ou de oportunidade, mas por contingências que até hoje impediram essa realização.

Eu me empolgava tanto quando falava sobre o assunto que nem percebia o qu*ão* longe ele estava, não percebia a falta de ênfase, o olhar distraído, distante dali, pousando em outras paisagens, provavelmente perdido numa trilha do Vale Sagrado a caminho de Machu Picchu ou nas areias secas do Atacama, os cenários que lhe interessavam e que eu achava tão primitivos. Para mim o que interessava era ser cosmopolita, contemporâneo e poder desfrutar da herança cultural que a Europa podia nos oferecer.

Às vezes ele se envolvia, tomado por minha empolgação parecia se ver em frente à Torre Eiffel ou à Mona Lisa, provavelmente fazendo uma *selfie* para postar em alguma rede social. Era a viagem dele, enquanto na minha eu *já estava flanando na Place des* Vosges depois de conhecer a Casa de Victor Hugo, parando para tomar um vinho num café próximo do Marmottan ou do La Orangerie, imaginando que no dia seguinte iria acompanhar os passos dos americanos em Paris: eu já sabia de cor o mapa dos endereços onde Hemingway, Gertrude Stein, Alice Toklas, Isadora Duncan, John dos Passos, Fitzgerald e outros fizeram a festa no início do século XX por lá. E havia o roteiro de Rayuela de Cortázar e eu *já falava* mentalmente: "¿Encontraria la Maga?", andando pela Rive Gauche e esperando encontrar aqueles argentinos. Eram tantas as memórias...

Quase podia sentir o sabor dos queijos, dos pães e vinhos que provaria num bistrô do Quartier Latin ou sentado numa manta numa margem do Sena, perseguindo os fantasmas de Sartre e Simone. Ele ria condescendente com minhas viagens e abria mais uma cerveja, o jeito dele participar. E eu nem percebia que nada disso despertava a vontade dele de seguir comigo nessa viagem, ele se realizava em destinos menos pretenciosos, uma fuga para Pirenópolis ou Alto Paraíso num feriado prolongado, férias ou Carnaval em Salvador, praias, rios e cachoeiras eram o que o agradava, mas não a mim.

Hoje, a milhares de quilômetros de distância dele, sinto essa ausência e isso me irrita porque sei que ele iria curtir essa viagem, que gostaria de dividir tudo isso com ele e saber que ele estaria muito mais feliz que viajando para Paris, mesmo não sendo delirante como sou, seria condescendente, parceiro, reconheceria as minhas escolhas, os passeios, os restaurantes e os hotéis. Caio na real, estou sozinho num quarto de hotel e onde quer que ele esteja, provavelmente não está nem lembrando de mim. Ele já se curou, está imune a mim e às minhas artimanhas. Cavo na memória o momento em que ele achou o caminho para fora de mim, relembro os instantes que estivemos juntos e adivinho num evento um sinal disso, não com a certeza, mas com a suspeita que foi um indício, uma reunião com meus amigos, casais gays e heteros amigos, todos divertidos, descolados e cultos, o necessário para compor o ambiente de uma noite brilhante, como eu gostava. De vez em quando organizava jantares temáticos com esses amigos, antecipando o sabor de vinhos e de absintos que tomaria em Paris. Havia muita afetação:

— Nossa, que vinho fan-tás-ti-co!

— Bordeaux, não tem como errar.

— Esse jantar está ma-ra-vi-lho-so!

Elogios casualmente vaidosos, acidentais, descolados. Inteligentes e necessários, tentando propositalmente não serem premeditados ou pretensiosos, já sendo. Era o que eu esperava de pessoas cultas e esclarecidas, era a melhor maneira de se viver, como eu pretendia naqueles dias.

E o sarau continua, fala-se de viagens, de livros, do filme fora de circuito, todos os assuntos que eram relevantes para um público chique como os que estavam naquela sala. Eu sabia que ele não dominava todos esses códigos da ostentação que se faz natural ou casual. Dessa distância percebo como eu era idiota e pretencioso, não atentei para o quanto ele era inteligente e adaptável, como aprendia rápido e sabia disfarçar suas deficiências e ainda por cima era jovem e bonito, moedas valiosíssimas, atrativos perigosíssimos para o meu círculo de amigos, com algumas predadoras amorais e cínicas que só se aprimoraram com os recursos que a idade e a inteligência lhes proporcionaram e que elas usavam para satisfazer seus desejos. Um povo que nunca se prendeu aos conceitos hipócritas da sociedade quando eram jovens, imagina depois de velhos e ricos. E mesmo assim eu me considerava a atração principal, o centro das atenções, o mais viajado, o mais culto, o mais tanta coisa, era como eu me sentia. Contava as estórias, escolhia as músicas, mostrava as fotos e os filmes e as lembranças dos tantos lugares por onde já havia passado.

Nesse dia estava me lembrando do Egito, falando do exotismo dos costumes, do choque cultural, das comidas, das religiões e prendendo a atenção de todos, como sempre, quando captei uma voz insinuante sussurrando no ouvido dele, que estava ao seu lado:

— Quantos camelos você acha que eu daria por você?
— Acho que não valho muito.
— Tolinho, está se desvalorizando?
— Está gozando de minha cara?
— Eu daria todos os que tenho para fazer você rir só para mim.

Então ele riu. Fiquei desconcertado, desarticulado e inseguro. Disfarcei e fingi não ter ouvido aquele diálogo, esperei que outra pessoa puxasse um assunto, discretamente olhei para ele, que me olhou também, piscou um olho e riu. Naquele momento me senti nu, não considerava que o amava, mas me sentia o dono, naquele instante parecia que eu fora roubado, privado de algo que era meu. Quando começamos a trepar, disse logo que nossa relação seria aberta, livre, que eu não acreditava, nem era fiel, e que não esperava isso dele. Ele aceitou, mas se manteve monogâmico e eu que sempre fui promíscuo, sem nenhuma seletividade ao escolher os parceiros, fui me envolvendo e, de repente, me vi sob novas regras, aceitando novos códigos de conduta, os dele. Eu estava fiel! Nem me surpreendi com esse novo olhar, minha libido estava sob o controle dele, respeitosamente eu me continha por ele, mesmo assim não me considerava apaixonado, não queria adivinhar que aquilo era amor. Mas aquele flagra da cantada desnudou tudo, desconstruiu completamente o meu disfarce.

Então, ali mesmo, comecei um novo jogo. Queria mantê-lo sob controle, ser o dono da relação, a maneira mais estúpida de querer alguém foi a maneira que escolhi para tê-lo. Brinquei com o ego dele, insinuava, provocava, distraía, tudo para descobrir o que significou aquela cantada, mas ele não caiu na minha cilada, se envaideceu, mas não cedeu à minha vontade e ainda me disse que era incapaz de me trair. Não me conformei, queria que ele se rebaixasse, descesse do altar e confessasse. Chamei-o de provinciano, que deveria ousar, que fidelidade era um conceito ridículo. Ele me olhou atônito, mas eu continuei na minha aposta, era arriscada, mas queria que ele enfrentasse essa encruzilhada.

Aí dei um jeito de deixá-lo nas garras do meu rival, sentados juntos na mesma poltrona, ele se desconcertou, não relaxou e não permitiu o avanço do outro. Achei que o controle era meu ainda, eu dava as cartas, um vencedor.

Ao menos era o que pretendia achar naquele dia.

SEGUNDA PARTE

Dia 14: 16/05/16

San Cristobal de Las Casas, Cauhtzémoc, Panajachel e San Pedro La Laguna

Achava que hoje seria um dia de transferência, sem trechos nem relatos, apenas a monotonia do traslado, mas uma viagem tem viagens dentro dela, sou suspeito porque qualquer janela já me faz de *voyeur*, então, como tarado, sigo vidrado no que desfila diante de minhas retinas, ver paisagens, pessoas, vegetação e o relevo que os abriga me anima e me mantém atento. Nos quase meros 300 e poucos quilômetros que separavam meu destino desde San Cristobal a Panajachel aconteceu a crônica, tenho o que relatar, foram quase dez horas de percurso com cinco desconhecidos, cada um de um lugar do mundo, eu, Brasil, América do Sul; uma Mexicana do DF; um garoto suíço que quer ser professor infantil e está há mais de um mês no México, parou em Quetzaltenango para caminhar durante três dias até San Pedro La Laguna, depois encontrar o pai na Costa Rica e viajar mais um mês com ele; um estadunidense, quase coroa, especializado em turismo de aventura, que estava a trabalho na van, fala espanhol muito fluente e falou comigo em português; e ainda uma garota grega, rasta, que já está na Centro América há mais de três meses, ela é arquiteta, juntou uma grana e está vivendo a aventura — aos 30 anos ela trocou trabalho por alimentação e dormitório na Costa Rica, conheceu o México e a Guatemala e, em julho, volta para a Grécia. Reclamou dos imigrantes/refugiados, disse que já estava difícil com a crise que rolava lá, agora os imigrantes tiram trabalho dos gregos porque cobram muito barato por seus serviços e como os outros países europeus não abrem as fronteiras, eles se represam na Grécia. Esse conhecimento veio da meia hora em que aguardamos em Cauhtzémoc, após a imigração, esperando pela van que nos conduziria pela Guatemala. Estávamos numa área maluca de fronteira, parece um mercado persa, onde tudo se vende ou se troca, cambistas com maços de dinheiro vendem pesos ou quetzales (a moeda da Guatemala em compra e venda).

Ao sair do México, as coisas caem numa decadência filha da puta, estrada malconservada, muito lixo nas margens, muitas pessoas sobrevivendo em casas inóspitas e inadequadas, isso tudo numa pista extremamente sinuosa, subindo ou descendo montanhas olímpicas.

Sujeira é sempre desagradável, não é fácil conviver em ambientes onde não se preza a higiene. Particularmente, já fui mais displicente com o assunto, não sou conhecido por ser exigente na área, mas atualmente cuido mais da casa e estou mais atento à poeira ou às roupas sujas, a trocar de cuecas ou meias diariamente. O Aureni já pegou no meu pé por minha insistência em usar as mesmas meias por vários dias, na verdade eu ficava com preguiça de escolher outra. Só me dei conta disso quando percebi que o cheiro do tênis e do meu pé já estava insuportável até para mim. Agora me policio para não chegar a tal ponto, uso até desodorantes para evitar o chulé. Tenho uma preguiça ancestral de fazer faxina, então evito sujar a casa entre os dias que não tenho faxineira. Minhas habitações já foram mais desleixadas, agora estão mais cuidadas.

Baratas são seres que se aproveitam desse desleixo para estabelecer sua parceria, comensais oportunistas de inquilinos desleixados, são sintomas da sujeira do ambiente. Já compartilhei muito espaço com elas, apesar de minhas tentativas inglórias de exterminá-las. Dezenas de litros de inseticidas foram despejados em vão, sem falar de outras substâncias experimentais que não chegaram a ameaçar a existência das filas da puta, e a solução do meu problema só aconteceu recentemente, em Brasília. Minha casa estava possuída pelas malditas "francesinhas", as minúsculas baratas onipresentes em apartamentos. Elas me perseguiram desde que cheguei na cidade e sempre venceram as batalhas que travei com elas, porém quando me mudei para o meu apartamento atual, a situação ficou insustentável, à noite eu dividia o espaço com as atrevidas, que nem se escondiam mais, e um amigo chegou a nomeá-las tal a intimidade com que elas se davam com os humanos: "como vai, Dulce? A família vai bem? E os tataranetos já nasceram?". Eu ficava puto e envergonhado, parecia viver num pardieiro, não me incomodava com a imundície. O problema foi resolvido quando o Jorge me indicou uma dedetizadora, e ainda assim a primeira aplicação foi caótica porque quando voltei para casa, à noite, percebi que o chão da cozinha parecia estar em movimento, e quando acendi as luzes quase fugi de casa tal a quantidade de francesinhas que confraternizavam no piso de minha cozinha. No dia seguinte varri uma quantidade imensa de cadáveres e pedi uma nova aplicação, pois parecia que eles haviam colocado um afrodisíaco ao invés de um inseticida. Após a aplicação, elas começaram a morrer em quantidades monumentais, desde então não há mais nenhuma em minha casa. Deixei de viver no cenário de "Joe e as Baratas".

Acho que pior que a sujeira é o estágio da imundície, quando o ambiente nem parece mais propício à vida humana. Ambientes nojentos, decadentes e com mau cheiro, como os banheiros de alguns bares por onde já passei. Também senti nojo do metrô de NY, tive a impressão de que havia sujeira acumulada, incrustada e resistente nas instalações. Uma sensação que foi potencializada quando vi o desfile de ratazanas enormes à noite. Imensas e assustadoras, passeavam impunemente coadunadas com as indefectíveis baratas que também infestavam as estações, tudo isso temperado com o cheiro de urina velha que afagava nossas narinas nas escadas de acesso. Era de tal forma o incômodo que eu evitava tocar em qualquer coisa quando frequentava as estações, saía das viagens com a impressão de que uma camada invisível de sujeira cobria a minha pele. Mas nada superou os banheiros químicos que estavam instalados na Esplanada dos Ministérios no dia da posse do primeiro mandato de Lula. Eram de uma imundície tamanha que saí quase vomitando e sem ar. Tentando apagar da mente o horror que presenciei. Não só eu, mas todos os desavisados que tentaram usar aquele infortúnio. Ninguém volta a usá-los! No meu caso aproveitei o recesso e a privacidade de uma imensa bandeira do PT que um amigo carregava.

Até chegar em Panajachel o tempo exigiu seu preço, o meu cansaço, e negociei adiantando minha leitura do livro *1964, A História do Regime Militar Brasileiro*, do Marcos Napolitano. O livro descreve o ambiente do golpe de 1964, interessante que o roteiro e o protagonista não mudaram muito se compararmos com o que acontece hoje, a diferença é a ausência dos milicos, mas acho que os honoráveis já sabiam dessa lição, estou ainda principiando e hoje adiantei bastante, peguei no Jango e parei no AI-5, tenho muitos trechos até terminar a leitura.

É importante diversificar os temas nas leituras, "a essência precede a existência", anunciou Sartre, e essa afirmação despertou o meu primeiro interesse por Filosofia, mas ainda não conseguia apreender o completo sentido da afirmação. Ainda assim, iniciou-se o meu interesse pelo que os filósofos tinham a me dizer, e me apaixonei por Sartre, já me definia como existencialista, e até hoje assim me sinto. Sartre não acreditava em Deus e afirmava que há pelo menos um ser no qual a existência precede a essência, o homem. Primeiro ele existe, se descobre, surge no mundo e só depois ele irá se definir, ou seja, primeiramente ele é "nada", só depois será e o será conforme se fizer, de acordo com o que tiver projetado. Com essa ideia, entende-se que o homem é condenado a ser livre. A essência do homem vem de suas escolhas. Quando ele é jogado no mundo não tem essência, ele é não ser. Paulatinamente ele vai tomando consciência da existência e do grande desejo de ele ser, mas ser é acabado, realizado. Caso o homem fosse isso ele seria uma coisa, ou seja, um ser-em-si. E diferente das coisas que são em si, ou seja, já são prontas, dadas e acabadas como acontece com a mesa, com as pedras e tantos outros.

Esse pensamento abriu fronteiras inimagináveis na minha mente, as quais eu ainda não pensava serem possíveis. Já havia em mim o questionamento primordial de qual era o sentido de minha vida; havia também a inquietação por não me enquadrar completamente nos padrões culturais da sociedade em que estava inserido. Encontrei em Sartre minha primeira tradução, li o livro *O Existencialismo é um Humanismo* (mesmo sem entender quase nada), vários romances, peças teatrais e artigos, que adorei; me marcaram muito, principalmente *A Idade da Razão*. Nesses textos me inteirei mais sobre o que significava o Existencialismo, mas ainda sou só um diletante.

Sigo lendo e estudando vários textos filosóficos até os dias de hoje. E o primeiro livro que me contextualizou sobre o caminho filosófico foi *O Mundo de Sophia*, do norueguês Jostein Gaarder, um texto que se pretende servir para introduzir adolescentes no mundo da Filosofia. O texto me fez entender as linhas de pensamentos que os grandes pensadores desenvolveram para compreenderem nosso caminho no planeta e o que influencia e define nossos atos e atitudes perante a vida.

Descobri posteriormente outros filósofos que me impressionaram como Nietzsche e Schopenhauer. Estudei na faculdade várias disciplinas que abordavam o pensamento filosófico e suas aplicações. Acho tão fascinante, instigante mesmo, sinto-me provocado pelas inquietudes que os moveram. Há alguns que não me atraíram, mas quando se lê atentamente o que eles propuseram, acaba-se entendendo por que o pensamento deles é respeitado e discutido. Adorei como Saramago se apropriou do conceito da Caverna, de Platão, para construir um texto fantástico. E roteiros de filmes como *Matrix* ou *A Origem*, repletos de citações desses sistemas filosóficos.

Tantas são as ideias, mas o Existencialismo ainda me representa muito.

Finalmente chegamos na entrada de Panajachel, a van entrou por uma via vicinal e desceu, desceu e desceu mais, parecia a espiral da Alice num poço sem fundo, e no caminho uma cidade em que todas as pessoas que eu vi parecem da mesma tribo. Muito doido. Nem sei como é para um habitante daqui poder quebrar o ciclo vicioso que essa estrutura encerra. Parece tudo tão demarcado, limítrofe. Imagine um gay vivendo aqui, ou uma mulher que não se submeta. Acho que não é fácil.

E para não morrer de tristeza, na parte mais baixa, o Lago Atlitán, emoldurado por três vulcões imensos, nos abriga temporariamente.

Adiantei meus caminhos, contratei o *transfer* até Copán, e, como imaginei, terei que dormir em Antígua, o tour sairá de lá às quatro da manhã, de Copán seguirei para Tegucigalpa.

Dei uns vacilos, a mexicana falou que não era bom cambiar os pesos ou dólares na fronteira, me fudi, estava com 500 pesos, me ofereceram 4,5 e recusei, troquei em Panajachel por 3,5 e dólar a 7'1 (oficial 7,8). É frescura, perdi alguns reais, mixaria.

Tomei um tuk tuk até o cais e, de lá, mais meia hora numa lancha — cruzei sobre a pele doce do grande lago Atlitán. A paisagem estava enevoada, na lancha várias nativas e suas saias tribais, tessituras e grafismos identificadores, no *píer* mais um tuk tuk para continuar o caminho, e ele ziguezagueou por labirínticas ruelas até me deixar no hotel. Amanhã vou curtir só o lugar, nada mais. Um vulcão na frente e o lago no quintal, o que preciso inventar?

Dia 15: 17/05/16

San Pedro La Laguna

O mês de maio sempre me lembra o Dia das Mães, e nesse ano passei distante dela, como tem acontecido nos últimos anos. No caminho me veio à memória um poema que escrevi quando ela fez 70 anos:

MÃE

Se eu te falar, é verdade.
Verdade é minha vida.
Todo dia, todos os momentos,
Cada segundo no meu aprendizado.
Eu, que me considero cético e até cínico
Quando me deparo com dogmas, conceitos, regras,
Normas ou qualquer forma de controle
Que no meu tempo neste espaço que ocupo na Terra,
Tentam me impor ou me enquadrar.
Aqui, num ato de contrição, confesso:
Tenho um próprio evangelho que professo e acredito.
E ele diz que eu acredito em Mãe!
Nunca foi meu
Sempre foi teu
Sempre foi de minha mãe
Sempre foi da Senhora.
Se sei, se aprendo, se para alguns venço.
Sempre foi pela minha mãe.
Meu entendimento
Meus erros

Meu conhecimento...
Saber...
Meu evangelho.
Eu tento
Um dia,
A cada dia o novo
E no novo o eterno ciclo do meu evangelho professo:
Acredito em mãe.
Em verdade em verdade te digo
É minha mãe a verdade.
Na força, na persistência do amor, na compreensão
Na forma, na retidão, no jeito, na tranquilidade...
Força.
Para marcar com delicadeza
E
Ao mesmo tempo
Inexoravelmente.
Citando o meu poeta: "ser mãe é desfibrar fibra por fibra o coração dos filhos"
Recriando o meu poeta: para tornar mais sólidas as fibras do meu coração.
Minha mãe é minha.
Mas
Tenho cinco irmãos
Com quem divido esse dom.
Mas, mãe...
Sei que falo por todos
Você é única.
Poderosa.
Você pode,
Você é minha mãe.
Prometo como Rumi,

"Noite passada fiz outra vez a promessa:
Jurei por tua vida jamais desviar os olhos de tua face.
Se golpeares com a espada,
Não me esquivarei,
Não buscarei cura em mais ninguém,
Pois a causa de minha dor é me ver longe de ti.
Joga-me ao fogo.
Se deixar escapar um único suspiro,
Não serei um homem de verdade.
Surgi do teu caminho como pó,
Retorno agora ao pó do teu caminho."

    Muitas vezes percebo que a fronteira entre o que sonhei e a realidade que vivi era muito tênue. Principalmente nos idos da infância, em que a mente ainda é um território virgem, um livro a ser preenchido com sensações, lembranças, imagens, sons e tudo que futuramente comporá o tecido da memória. O meu foi composto como uma colcha de retalhos, unidos de maneira caótica, como imagino que seja para a maioria dos seres, repleto de pessoas, lugares, sons e imaginação. E a minha colcha é muito ampla e extensa! Gosto de divagar por longínquos territórios, me embrenhando em tramas além do alcance do meu domínio físico. Quando viajo em longos percursos, costumo fechar os olhos e entrar num estágio de letargia, num mundo que se localiza entre diversas dimensões. Vislumbro paisagens inauditas e percorro distâncias incompreensíveis espacialmente, num mundo onde as leis da Física não regem. Onde sinto a minha presença sem o peso do corpo e de qualquer uma de suas limitações. A única condutora é minha vontade. Percebo que o mundo real me cerca e que se eu abrir os olhos perderei esse reino. Sinto que não estou dormindo, nem sonhando, é como uma viagem extracorpórea. Essa sensação me relaxa e quando saio desse transe os meus músculos estão relaxados, com dificuldade de reagirem aos estímulos básicos da vida desperta.

    Em outros estágios, vivencio roteiros e tramas entre surrealistas ou cinematográficas, com personagens e lugares que não são do meu círculo real da vida que vivo. Misturo os mortos, os vivos e os desconhecidos sem nenhum estranhamento, tudo se confunde, o cronológico, vida e morte, o real não é necessário e o contemporâneo se confunde com o passado, alturas e profundezas não são limites, são apenas partes do caminho, e tudo se faz de maravilhas. Não confundo com os sonhos que sonho quando durmo, os quais esqueço quando acordo. Sobra só um pouco de *deja vu*, que me surpreende às vezes no meio dos meus dias. Não sei de qual matéria são feitos os sonhos, mas sinto as tessituras que me envolvem de diversas formas, entre o físico e o incorpóreo, no distanciamento do real.

Muitos membros de minha família usavam os sonhos como instrumentos premonitórios, como pitonisas faziam e fazem ainda prognósticos para jogar no jogo do bicho, para prever tragédias e benefícios ainda escondidos nas sutilezas dos véus do futuro, para eles, para a família e para a comunidade onde vivem. Sempre ouvi com muita curiosidade essas elucubrações, meu avô materno era um mestre nessa arte, e pelas manhãs interpretava os seus sonhos e o dos outros, compondo um complexo sistema que permitia chegar a números do Jogo do Bicho ou das Loterias, muitas vezes com relativo sucesso. Se a previsão não se concretizasse os elementos eram revistos para encontrar onde aconteceu o equívoco.

Entre minha mãe e as tias paternas acontecia uma combinação dos seus sonhos para elas adivinharem os problemas e poderem se prevenir ou evitar os malefícios. Muitas vezes os problemas se referiam aos parentes ou aos amigos. Havia alguma coisa de sortilégios e magia nessas interpretações que me seduziam, mas não herdei os dons, em vão tentei interpretar os meus sonhos, mas eles não se mostraram dignos de um Setor de Previsões Futuras, são fechados em si mesmo. Estão mais para a interpretação freudiana, o que entendi quando li *A Interpretação dos sonhos*, de Freud, percebi que esses sonhos são manifestações do inconsciente e que normalmente são constituídos de eventos que foram resgatados por algum gatilho disparado na minha memória recente.

Não concretizei um desejo nessa viagem, que era o de fazer a aula de cozinha com Anita, li no *Trip Advisor* sobre esse curso. Anita prepara um cardápio típico com os alunos, numa aula que começa com as escolhas dos ingredientes no mercado da cidade e continua com as técnicas e preparos dos sabores locais. Fui até o centro comunitário e não havia sinal de Anita, uma garota me deu telefone dela, liguei, mas infelizmente só haveria aula sábado. Um pouco frustrado resolvi fazer navegação lacustre de cabotagem, então entrei na primeira lancha e fui sem pressa, curtindo o caminho, de parada em parada, em cada píer que leva a uma comunidade ribeirinha do grande lago. Vi como é o ritmo, o suprimento de recursos básicos, o caminho da escola ou da saúde, a chegada ou partida turística. A vida depende dessa navegação, o lago é margeado por imensas escarpas e três vulcões, o San Pedro, O Atlitán e o Tolimán, todos com mais de três mil metros.

E as lanchas cruzam o lago, levando os suprimentos essenciais à sobrevivência. O principal acesso é aquático, transportam tudo que precisam, de alimentos a material de construção. O diário e básico são conduzidos ao teu lado. Uma senhora que tece uma complexa trama com agulha, ponto a ponto, uma trama em branco e negro vai tomando forma, ausente ao movimento ao redor, a velha senhora trama, linda, ancestral, atávica e impassível, como na música "A Velha a Fiar", sempre vitais são as fiandeiras, por mais que eu tema as aranhas. Mas há vidas novas, ao meu lado uma menina imitava o movimento das agulhas da velha senhora e o irmãozinho me analisava com o olhar da descoberta de que há um mundo novo, etnicamente falando.

Desembarquei no *píer* de Santa Cruz la Laguna, peguei um tuk-tuk e fui até o centro. Nada interessante turisticamente falando, vi e voltei a pé na maior descida que já fiz em minha vida, mas foi legal, sem pressa, como deveria ser tudo. E no mais, três vulcões lindíssimos no horizonte me saudavam, o que temer então?

Assisti naquele percurso a várias manifestações de estreitos laços familiares e acho estranho pensar como os meus cunhados se tornaram algo parecido com irmãos para mim, seres estrangeiros que foram introduzidos no mundo dos meus afetos por conta dos afetos dos irmãos. O mais estranho, a princípio, foi o João Carlos, talvez porque foi o primeiro a chegar, talvez por ciúme de Quel, talvez porque era um ser masculino impositivo ou talvez pela constatação de que uma fase de minha vida estava terminando, o que foi decretado quando uma irmã tomou a decisão de constituir a sua família. Significava que não éramos mais crianças e que já era a hora de quebrar laços. Quando os outros foram chegando o processo se tornou indolor. Com a Neneu, minha única cunhada, sempre tive uma relação mais fluida, sempre a vi como mais uma das irmãs e é como ela se comporta com minha mãe e minhas irmãs. Também por sua personalidade forte e inteligente.

Apesar de refutar o título ou responsabilidades de "primogênito", algumas vezes agi como tal, assumindo posturas críticas e tentando interferir nas suas crises conjugais. Não acredito em fidelidade, mas me sinto incomodado com os casos extraconjugais que sei que eles tiveram. Percebi com o tempo que a minha função não era decidir sobre o futuro deles, era simplesmente apoiar. Hoje gosto de constatar que todos eles são pais atenciosos e que proporcionam muita atenção e carinho aos seus filhos. E a garotada tem se comportado bem e não expressou nenhuma grande crise familiar que pudesse desestabilizar o equilíbrio da família. Há também um bom relacionamento entre eles, e levando-se em conta que dois são irmãos, o grau de dificuldade não é tão grande, aliado ao fato de que todos moram muito próximos e têm uma intensa vida social compartilhada com muitos amigos comuns. Uma verdadeira confraria.

Na versão gay, o Aureni foi antes de tudo um amigo e continuou sendo após se relacionar com o Ademir. Conheço-o há tanto tempo que também não o diferencio de meus irmãos, e já aprontei tanto com ele que nem sei como me desculpar, e ele sempre me tratou com mais condescendência do que eu merecia. E ele também convive com muita harmonia com os heteros, o que era previsível pelos seres que são.

Já estou íntimo da região, então agora é Pana, a porta de entrada para o Lago. Ainda bem que não fiquei lá, San Pedro é muito mais astral e já foi paraíso hippie, soube que San Marcos, logo ao lado, é místico. E, ainda porque observo, as mulheres se diferenciam em suas saias, percebi que elas ignoram as diferentes, espero estar errado, mas a senhorinha do crochê ao sair da lancha passou ignorada ostensivamente por uma garota que usava uma saia diferente, quase que a senhora se destabocava entre o barco e o píer e a outra ignorou, os homens também nem se moveram, aí vi que elas não se saúdam.

Nas margens do lago há construções que só o vil metal pode proporcionar, palácios, pagodes, hotéis exclusivos, ou residências nababescas. Como explicar o precário equilíbrio daquelas construções senão pela cruel possibilidade que o poder econômico propicia? Sem inveja ou julgamento proletário, são bonitas e queria poder desfrutar desse prazer.

Hoje soube que esse lago é endorreico, ele não tem saídas para rios ou mares, a água da chuva se mantém nele, que é uma gigantesca cratera vulcânica de alguns milhares de anos, e mais, Aldous Huxley o considerou mais bonito que o Lago Como, o meu sonho de consumo. Se ele o viu assim, será que posso me conformar caso não consiga passar uma temporada numa vila às margens do Como, num período sabático, repensando minha vida? Ou futilmente como fazia Capote, por pura viadagem?

O vocabulário gay foi o primeiro a incorporar expressões oriundas da língua Yourubá, que ancestrais africanos trouxeram para o Brasil, de maneira lúdica e descompromissada. Hoje é comum ouvir pessoas fora do gueto gay ou do Candomblé usando essas expressões antes restritas e usadas até como códigos de proteção de conversações contra ouvidos curiosos. Um modo de se expressar e não ser compreendido ou não ser vítima de preconceito dos que estavam ao redor e não pertenciam ao grupo. Quando tive contato com esse vocabulário estava iniciando na vivência gay, muitas bichas estavam envolvidas com o Candomblé. Era um espaço em que a aceitação da sexualidade não era vista com preconceito, elas adoravam, se sentiam em casa. Não são discriminadas como na sociedade heteronormativa em que vivemos, então comecei a ouvir: "o bofe, dar elza, equê, desaquendar, ocó, babado, aquê, edi, erê, ebó, ilê, mala, maricona, mona, neca, odara, uó, racha, gaveta" e tantas outras. A maioria dessas palavras eram oriundas do vocabulário Yorubá, outras eram expressões de pura criatividade. À época era divertido e poderoso se expressar em público num código próprio que permitia conversar assuntos proibidos no mundo hetero. Daí podíamos comentar sobre a mala do bofe, falar mal da gaveta que ele namorava e muitos outros venenos. Até hoje é um vocabulário bem expressivo, sempre renovado e acrescido de novas expressões.

Lembro-me de uma personagem de uma novela da Globo – uma cabelereira — interpretada por Letícia Spiller, que usava essas expressões em horário nobre, o que foi uma traição ao mundo gay, que teve o seu vocabulário exposto e, por conta disso, muitas palavras até hoje fazem parte do vocabulário coloquial brasileiro. Outra inconfidência foi um dicionário de baianês publicado nos anos 90 em Salvador, era um trabalho de conclusão de curso que foi muito vendido em bancas de revistas e fez sucesso na cidade; o dicionário estava repleto de verbetes com a tradução do vocabulário gay da época, além das expressões tipicamente baianas.

Para além do mundo gay tenho grande interesse na cultura africana e já li muitos textos de autores africanos, além de ter visitado a sua mitologia, seus deuses e seus mitos, acrescentando os textos que li sobre os escravos que vieram da África e das suas vidas que foram a essência da formação da alma baiana e compõem a textura tangível da sua negritude. O Yorubá é a língua que tem uma grande expressão entre esses povos, ou a qual eu mais me habituei a conhecer.

Vou me convencer, mesmo sabendo que o Aldous era doidão. Futuros sonhos, futuros pretéritos, que ainda posso construir me limitarão? Obra em andamento, projeto em construção. Me deixa! Estou imerso no belo.

Dias 16 e 17: 18 e 19/05/16

San Pedro La Laguna, Panajachel, Antígua, Copán Ruínas

Dois dias de traslados, na terça saí de San Pedro para Panajachel e embarquei numa van até Antígua Guatemala, pois não era possível vir direto até Copán. Precisava dormir em Antígua para seguir de madrugada para Copán, não há roteiros diretos.

Meus companheiros de viagem foram dois casais estadunidenses e um rasta cuja origem não identifiquei, mas suspeito que vive em Antígua e trabalha com turismo. Viagem tranquila sem eventos.

Antígua é o centro de chegada ou saída dos aventureiros da Centro América. A cidade é linda, vigiada pelo belíssimo vulcão Pacaya, que emoldura as melhores fotos da cidade — ontem, porém, não estava visível porque caía uma chuva fina. Na cidade há gente do mundo inteiro, principalmente os europeus, e à noite ela ferve, com excelentes opções gastronômicas e de diversão. Vive desse turismo de aventura e ecológico. A cara do público é mais de mochileiros, muita gente bonita e interessante, muitas experiências para compartilhar. É diferente de alguns lugares onde estive no México em que o turismo é mais família e que havia tantos paus de *selfies* que em alguns momentos parecia dança de acasalamento de flamingos em alguma laguna das Américas. Por aqui as câmeras e celulares são mais discretos ou são câmeras profissionais, de grandes marcas e muitas lentes.

Pela segunda vez passei por Antigua e não poderia deixar de aproveitar disso tudo, desse privilégio. Almocei e voltei para o convento, que é um hotel, onde achei uma cela para me hospedar, bem legal, fica em frente ao arco que é o cartão postal da cidade, era um convento do século XVI. O quarto deve ter sido uma cela de alguma freira, muito confortável, mas com um certo clima medieval e espartano, com camas macias e toalhas felpudas. E uma toalha foi responsável por um grande estrago no primeiro dos carnavais que passei em Salvador. Estava recém alojado no primeiro apartamento que aluguei na cidade, localizado no bairro dos Barris, no meio da ladeira que leva à Biblioteca Central, era um quarto e sala no subsolo de um pequeno prédio. O apartamento estava em péssimo estado de conservação, tacos soltos, janela sem vidros, cozinha minúscula faziam parte da lista de problemas, mas a sala e o quarto eram amplos e havia um quintal onde fizemos altas farras. Nesse apartamento aconteceram estórias memoráveis e um desses eventos aconteceu por conta de uma toalha. No carnaval o apartamento virou um *pit stop* da folia, estava bem próximo da Praça da Piedade e no meio caminho para o Campo Grande ou para a Praça Castro Alves, o nosso lugar predileto durante o carnaval. O apartamento parecia mais um alojamento temporário de refugiados, colchões no chão, roupas largadas em qualquer canto, alguns lençóis, um fogareiro, uma geladeira usada, enfim, tudo improvisado, mas ninguém estava incomodado com isso.

Éramos jovens, despreocupados e muito felizes, ainda por cima, estávamos passando o primeiro carnaval em Salvador, sem horários para dormir ou acordar, uma farra sem fim, conhecendo novas pessoas, paquerando, namorando e trepando sem qualquer responsabilidade, além do que tínhamos um apartamento para chamar de nosso. E o movimento era intenso, com uma população bem variável, a localização era muito conveniente, então todos marcavam lá para se reunir ou para dormir, descansar, tomar banho, beber, comer ou trepar. Essa promiscuidade resultou em uma grande contaminação de herpes causada pelo uso de uma mesma toalha por todos que estavam por lá. A responsável foi uma garota que estava em uma crise no casamento e havia sido contaminada pelo marido. Ela não sabia que já estava contaminada. Chegou ao apartamento com meu primo e aproveitou para tomar um banho antes de ir para a festa. A tolha que ela usou foi usada por muitos. Logo após o carnaval as vítimas começaram a aparecer e até hoje levam essa triste lembrança do carnaval. Graças aos céus não me contaminei e desde então não compartilho toalhas com ninguém.

Contudo, apesar das toalhas contaminadas ou não, às quatro da manhã já estava na van pegando estrada rumo a Copán em Honduras. Nessa van a maioria dos passageiros eram holandeses, havia um alemão, um francês e eu. Um grupo de cinco garotos holandeses que aparentavam ter aproveitado muito bem a noite, pelo menos o que se sentou do meu lado; os outros faziam muito barulho, mas ele, com quase dois metros de altura, não conseguia se manter acordado e ainda me fez de travesseiro, para meu azar ele dormia tanto que em uma curva mais fechada foi direto ao piso da van, muito engraçado porque ele parecia não estar no controle do próprio corpo, ficou muito constrangido.

Na imigração da Guatemala eles nos cobraram dez Quetzales para liberar a saída, sem nenhum recibo, na de Honduras eles cobram três dólares pelos serviços, mas deram o recibo. Acho que era sacanagem do funcionário da Guatemala. Uma das garotas holandesas ficou revoltada, ela me perguntou se eu sabia se aquilo era legal, falei que na entrada eles cobraram 15 pesos para quem entrava a primeira vez na Guatemala, porém na primeira vez que vim não me cobraram nada.

O legal de viajar com mochileiros é observar como eles sabem gastar pouco, comem qualquer coisa, dividem quartos e banheiros com 300 pessoas, não trocam de roupas e aproveitam muito. Eu achando uma pechincha o hostel, com quarto, banheiro privativo e café da manhã por 20 dólares, mas os holandeses ficaram um tempão regateando para baratear os preços em quartos compartilhados que eram bem mais baratos. Não tenho esse hábito, mas acho que é uma coisa subjetiva, algo próprio de cada ser. Subjetividade é um conceito básico que se tem que ter em conta quando nos relacionamos com outros. A maneira que emitimos opiniões e como as recebemos define a estabilidade de nossas relações e está intrinsicamente ligada à inteligência; seres menos dotados são incapazes, a meu ver (pretensão pura), de elaborar opiniões que não sejam óbvias.

Há pessoas que são extremamente literais, mas isso não quer dizer que sejam burras, apenas eliminam a subjetividade e podem surpreender pelas assertividades e competências delas. Juro que prefiro os subjetivos, que são capazes de te provocar por não se mostrarem por inteiro, te dando pistas, códigos, dificultando o acesso, provocando tua inteligência e imaginação. Já trabalhei com pessoas brilhantes, que me surpreenderam com estratégias e decisões acertadas, que me fizeram admirá-las. Em compensação houve tantos equivocados e rasos que me fizeram crer que a mediocridade era a característica que definia a média gerência do Banco do Brasil, e nos cargos mais altos a situação não diferia muito. Um poço sem fundo de falta de criatividade, às vezes sentia que a inércia é que movimentava as engrenagens ou que havia uma entidade coletiva que conseguia criar um sopro de criatividade na empresa. Em oposição, no corpo técnico, trabalhei com pessoas geniais, capazes de produzir soluções ou propor inovações que anulavam a fragilidade administrativa. Acho que esse pessoal era a principal mola propulsora da empresa e que não a deixava naufragar. Também havia as forças de trabalho mais dedicadas que funcionavam com a tração que conduzia a máquina adiante. Não acredito que esses fatores tenham se modificado nos dias de hoje porque faz parte do DNA da empresa: ao ascender, o funcionário sufoca a possível concorrência que possa vir a ofuscar o seu brilho. Nisso sabem ser subjetivos, mesmo sendo óbvios. Entre os amigos, há alguns especialistas em subjetividade, seja ao não emitir o seu desejo explicitamente, tentando manipular os outros para realizar os seus desejos, seja omitindo seu real desejo, seja emitindo a sua vontade como forma de conduzir as opiniões e criar cizânias ou crises. De uma certa maneira tento me manter atento para não cair nesses jogos e muitas vezes fui acusado de criar estratagemas dúbios, e até chamado de venenoso, mas juro que sempre foi pura subjetividade.

Fui direto para o sítio arqueológico: Copán. Era um dos meus objetivos nessa viagem, uma das grandes cidades do império Maia e que está localizada distante das mais conhecidas, que ficam em Yucatan no México, não me decepcionei: os prédios não são os mais monumentais nem mais imponentes, são até simples, mas aqui há as esculturas, estelas, entalhes e inscrições mais bonitas e elaboradas que já vi. As praças e os edifícios são muito decorados com inúmeras obras de arte, compondo uma impressionante galeria da arte Maia. Há uma Escadaria dos Hieróglifos que é chocante, está completamente decorada com entalhes e esculturas. As obras são complexas, intrigantes, belíssimas. No conjunto não há somente edifícios rituais, há também uma área residencial, o que não é muito visto nos sítios e dá para imaginar como era vida nessa cidade. Um dos conjuntos, e que há em várias cidades, é a cancha do jogo de pelota (o esporte praticado por eles com uma bola de látex), que não é muito grande como o de Chitzen Itza, mas está muito bem conservado.

Um pouco mais afastado está um segundo sítio, o das sepulturas, não tão interessante, apesar do nome, é também uma região de residências e há arqueólogos escavando o local. Complementando o conjunto há o Museu das Esculturas, uma grande ambientação que reconstitui algumas das fachadas do sítio, e dá para sentir a força das construções e das imagens míticas e simbólicas da grande cultura Maia. Obras de arte de alto refinamento estético, feitas com técnicas magistrais e que provocam grande impacto em quem as aprecia. São figuras que representam tanto o imaginário mitológico como os líderes ou heróis.

Para conhecer todo o sítio não sei de onde tirei energias, andei o primeiro quilômetro sob um sol de quase 40 graus, depois por todo o sítio e ainda segui mais um quilômetro e meio até o das sepulturas, e havia me alimentado com um café da manhã bem frugal, que fiz na estrada mesmo. E ainda tive que voltar andando, pois não havia taxi por lá, só bem depois é que achei um tuk-tuk que me levou para a cidade. Sentei-me para almoçar às quatro da tarde e só consegui me levantar depois da seis.

Nesses passeios às vezes me sinto perto de outro universo, outros planetas se tornam mais próximos, como se eu estivesse numa viagem interplanetária, e lembro-me claramente das imagens da chegada do homem na lua, vistas a partir de uma TV Colorado RC, na sala da casa de meus avós no Carrapichel. Uma TV imensa numa caixa de madeira, as imagens ainda transmitidas em preto e branco, era um portal para uma dimensão que para nós crianças ainda não era uma área definida entre o real e o imaginário. Foi a época na qual me iniciei nos filmes e séries de ficção cientifica em que viagens espaciais, seres extraterrestres, perigos e ameaças vindos do desconhecido despertavam a nossa imaginação: *Terra de Gigantes*, *Jornada nas Estrelas*, *Perdidos no Espaço*, *O Dia em que a Terra Parou*, *O Túnel do Tempo*, *Viagem ao Fundo do Mar* eram os meus preferidos, sempre repletos de ETs perigosos, outros amigáveis, paisagens lunares e naves espaciais com velocidades espantosas, que logo começaram a fazer parte de nossas brincadeiras diárias.

Ver o homem deixando sua pegada na lua e fincando uma bandeira estadunidense no solo lunar foi algo que transcendeu o fantástico, quase inacreditável (para muitos continua sendo). Minha imaginação constatou que não era algo idealizado do mundo fantástico, mas algo plausível e possível, uma conquista do homo sapiens. O universo, para mim, assumiu uma proximidade real, não algo saído dos filmes que assistíamos na TV, mais próximos de contos de fadas com bruxas, duendes e dragões. Agora era Ciência pura, quis ser um cientista ou um astronauta, alguém que poderia sair do planeta e descobrir coisas maravilhosas explorando o universo. Olhava para o céu e perscrutava-o tentando identificar as estrelas e as constelações às quais pertenciam. Estudava com afinco nos meus livros de geografia o que se relacionava com o universo.

Do lado de minha casa havia uma carcaça de caminhão que meu pai aos poucos ia desmontando e que virou o meu universo, a carroceria que já havia sido forte apache passou a ser o cenário de planetas onde chegava pilotando a nave que era a cabine do caminhão. Se fosse canção seria algo entre "João e Maria" de Chico e as "Estampas Eucalol" de Xangai. Dias felizes e marcantes para a minha imaginação e, desde então, nunca afastei meu olhar do céu, ainda procurando identificar, mesmo em terras estranhas, hemisférios, meridianos ou trópicos, os planetas e estrelas aos quais estou acostumado a ver no meu céu do Brasil. Sigo esperando o disco voador que não levou Raul e, enquanto não vem, recito o Bilac, "Ora direis ouvir estrelas...".

Agora, sonho realizado, vou para o próximo, amanhã conheço a capital, Tegucigalpa!

Dia 18: 20/05/16

Copán, San Pedro Sula e Tegucigalpa

E acordei pensando...
Eu só queria
De novo
Um pedaço de teu abraço
Um pouco de teu peito
Um jeito do calor
Que tu tens
E de novo eu queria
Um pouco de ti
Coisa de uma presença
Mesmo que pequena
Mínima, mínima...
Eu pediria
Por ti
Qualquer resquício
De ti
Não muita
Um vestígio sem importância
Uma satisfação
Qualquer coisa
Que de ti em mim lembrasse
Que fosse assim de ti

Eu tenho consciência que não sou de me concentrar em um único objetivo, não sou focado como tanta gente que conheço, penso em tantas coisas ao mesmo tempo...

Um motivo atrai outro motivo, são ideias, são corpos, é o nada!

Viajo por possibilidades, as ideias me acrescentam outras mais, dá sede de saber mais e aprender mais ainda, são coisas que me dão volume, viro monstro, atraio outros monstros e aprendo com eles, uma troca que alimenta e regenera, me faz feliz, quase completo e suficiente em mim mesmo. Assim posso retrucar, reduzir, dividir, envaidecer e humilhar.

Com corpos o processo não é o mesmo, tudo é disfuncional e aleatório, são o mote de minhas punhetas, o risco que provoca o arrepio, a excitação e o perigo. Saio à caça desde quando toquei outro corpo e gozei, se houve satisfação nunca tive a medida, porque nunca foi suficiente ou completo, sempre foi instigante, virei predador, como o Gilmar tornou isso muito claro para mim, fazendo eu me arriscar tantas outras vezes, sem sentir culpa ou vergonha pelas recusas ou humilhações que passei, uma conquista compensava todas as derrotas, não importava o quanto de submissão a que possa ter me submetido.

Mesmo por ser assim, talvez por isso, nunca conversei sinceramente sobre isso com ele, acho que nem comigo mesmo eu analisei tão profundamente como agora, preferi insinuar que era irresistível, insaciável e promíscuo, dono de uma gloriosa trajetória de libertinagens sem sossego, sem rigor: só sexo e gozo. Era uma maneira de tripudiar da quase virgindade e inexperiência dele. Não me sentia um traidor ou infiel, nem sei se fui, nunca me incomodei ou pensei sobre isso, nunca tive o pudor de usar ou dividir corpos, cantarolava Cazuza, "sobras e restos me interessam".

Tampouco me ligava se ele pudesse ter cometido ou cometesse pequenas traições, o que realmente incomodava era perder o controle sobre ele, sobre as emoções ou decisões que ele quisesse tomar, dos novos amigos que ele pudesse fazer e que eu não sabia quem eram ou os programas que não me incluíam. Não eram ciúmes, era um tipo de fúria, um ressentimento que me vinha à garganta e me sufocava, cobrando caro por tudo *à* minha dissimulação. Então usava todas as minhas forças para manter o controle até sentir que novamente eu segurava as rédeas. E, até por isso, insistia em cometer as minhas infidelidades, alugava garotos de programas, ia aos pontos de pegação da cidade, bebia umas cervejas, conversava com o pessoal, ouvia histórias, sabia que muitos se prostituíam para pagar faculdade, manter a família e até conheci um que morava em Goiânia e se vendia aos políticos de Brasília para bancar os custos do seu noivado, até dormi com ele, nem estava planejando, mas acabei me envolvendo com o garoto. Em outra ocasião conheci duas putas lésbicas que se namoravam e faziam programas com homens para se manterem juntas, pagarem as contas até elas terminarem os cursos nas faculdades que cursavam e depois, sonhavam, seriam felizes juntas. Fiquei conversando com uma delas enquanto a outra fazia o seu programa. Por isso gostava de ir ao Conic, havia personagens marginais com histórias incríveis e perigosas e sabia que nada disso era pecado. Nunca falava a verdade para o garoto, contava as histórias sem revelar que eu estava presente, eram outras pessoas que me contavam, também não me preocupava em saber se a verdade o incomodaria.

Não imaginava que o dia ia ser tão cansativo, com uma légua tão tirana. O caminho até Tegucigalpa foi muito demorado, o primeiro trecho até San Pedro Sula foi tranquilo, mas de lá até Tegus, foi muito demorado, 350 km em nove horas. A estrada não é ruim, mas há trechos em que o trânsito é lentíssimo. Impressiona a sujeira e a quantidade de lixo que estão acumulados nas margens da estrada e também a ausência de sinalização, quase inexistente. Apesar de não ser tão perigosa quanto na Guatemala (que também não é sinalizada), há um grande trecho na chegada, subindo uma montanha gigantesca em que a via é extremamente sinuosa.

Creio que inconscientemente sempre acreditei em energias, em um poder oculto que as pessoas, os animais, a natureza e até mesmo os símbolos podem emanar, como algo intangível que influencia a nossa vida para o bem ou para o mal. Intuitivamente, na minha infância sempre vi no místico e no inexplicado algo de atração irresistível, principalmente porque as pessoas ao meu redor viviam num mundo cheio de crendices, sortilégios e superstições, concretizavam fantasmas, assombrações, bestas folclóricas e feitiços. Religiões se misturavam num amálgama delicioso em que a fantasia se aliava ao temor do desconhecido para criar um universo fantástico que guiava a vida daquela comunidade. E assim comecei a perceber as energias, a telúrica que emanava das águas, das pedras, das árvores e das montanhas que preenchiam as trilhas por onde eu andava nas minhas descobertas infantis. Sempre respeitei os sinais que eram emitidos e aprendi a desfrutar das forças que recebia. Com as pessoas também, cedo fui distinguindo que tipo de energia elas vibravam, as que combinavam com a minha, de quais eu precisava me proteger e as que eu deveria evitar. De anjos, vampiros e demônios que vivem entre nós, eu aprendi a distinguir os sinais.

Tive várias fases de procuras místicas e de aproximação com o mundo espiritual. A religião católica foi o primeiro caminho, apreciava os ritos, tentava assimilar os dogmas e fazia o exercício da fé, mas ela não se fortaleceu e no início da adolescência, quando percebi que os meus questionamentos não recebiam respostas satisfatórias, fui me distanciando e abrindo a mente aos diversos sinais que estão na Terra. O Candomblé despertou meu interesse por sua mitologia vibrante e sem maniqueísmo, seus rituais selvagens e primitivos, a força da incorporação dos praticantes, a magia e premonições dos seus feitiços, tudo isso me fascinou, mas não me cativou, havia algo de irracional que não convenceu a minha natureza. O Espiritismo também foi uma boa experiência, passei um bom período frequentando um centro e estudando o Kardecismo. Foi muito proveitoso, aprendi a doar energia e compreender a minha missão no planeta. Esse pensamento ainda me anima, mas também me afastei das práticas. Houve ainda uma fase que estudei o Rosacruz num aprendizado por correspondência; também o incluo como parte do meu aprendizado sobre as forças atuantes no Universo.

Já adulto tive iniciação em centros esotéricos, comecei a compreender o funcionamento das energias, vivenciando trabalhos com pirâmides, cristais, pêndulos, cromoterapia, mantras e chacras. Sou fascinado por esses assuntos, deixei de praticar, mas ainda me percebo próximo a essas práticas e sinto que voltarei a elas a qualquer momento. Ainda vejo como todos esses conhecimentos me completam e me orientam nos meus atos e intuições. Adivinho que brevemente precisarei voltar às práticas que organizam e equilibram minhas energias da forma mais benéfica para mim e para os outros.

E aí, chego e estou em Tegucigalpa, que, para mim, é uma palavra associada ao aprendizado e que virou um adjetivo, uma suposição geográfica além de suas coordenadas, uma Cidade Invisível tal Calvino define: quando estudei as Américas em geografia era necessário decorar os países e suas capitais, Honduras chamou minha atenção pelo nome de sua capital, como era esdrúxulo, como seria essa cidade? Como seria viver num lugar com esse nome? Questionamentos de uma época que não tínhamos o acesso via internet que nos leva aonde quisermos, na hora que quisermos. Ubiquidade total. Agora sei que o nome tem origem indígena e quer dizer colina de prata, a cidade está localizada entre montanhas e se estende por morros e vales. Os seus habitantes não são tão indígenas e lembram muito os brasileiros, há até negros. Em Copán fui a um banco fazer um câmbio e o caixa me perguntou "é dólar africano? (Não sei de onde)", acho que foi minha negritude que o confundiu.

    Minha chegada não foi como esperava, estava de saco cheio do ônibus, chamei um táxi para ir ao hotel, dei o endereço e quando chegamos na área ficamos rodando um tempão e os vigilantes, guardadores de carros e transeuntes a quem pedíamos informação não conheciam a rua, e era pertinho de onde estávamos. O problema é que o hotel não tinha identificação e só o localizamos depois de muito rodar. Percebi que os seguranças aqui estão ostensivamente armados, escopetas em todos os lugares. É uma cidade perigosa. Estou hospedado próximo a uma biblioteca pública em péssimo estado de conservação. Sempre sonhei em ter a minha própria biblioteca, desde que senti a atração irresistível por livros e leituras, o que me acompanha até hoje. Durante toda a minha vida venho acumulando livros, iniciei timidamente, mas constantemente e sempre mantive o hábito e fui construindo um pequeno acervo. Deixei uma estante em Bonfim e em Salvador está outra parte do meu acervo. Sou pragmático e tenho livros dos mais variados temas, ficção, não ficção, técnicos e dicionários. Livros que estudei em cursos que fiz, poetas que me inspiraram, romances de todos os tipos, bons e ruins, biografias, livros de filosofia e de ciências também. Sou muito livre em minhas leituras, mas confesso que não sou fã de livros de autoajuda e dos livros de Paulo Coelho (mas já li alguns). Adoro livros de arte, fotografia e guias de viagens. Também não poderia faltar os dicionários de português e de outros idiomas. Enfim, são muitos os assuntos, deliciosas vertentes. Durante muito tempo frequentei bibliotecas, as públicas e as das escolas em que estudei.

    A Biblioteca Central de Salvador, localizada nos Barris, é uma grata memória. Lá assisti filmes que foram essenciais para minha formação cinéfila, conheci as obras de grandes diretores frequentando o cineclube de lá: Felini, Saura, De Cica, Bergman, Fasbinder, Bunñel,

Antonioni, Woody Allen, Robert Altman e tantos outros criadores de filmes inesquecíveis que sempre me vêm à memória, trazendo de volta os roteiros, os cenários, as interpretações, os atores e atrizes ou a fotografia, mas, acima de tudo, foram essenciais para a construção do meu arcabouço cultural. Lá também tive acesso a livros que não estavam disponíveis nas livrarias ou que tinham preço proibitivo para meu orçamento da época. Aproveitei o tempo disponível e passei horas distante do mundo além daquelas estantes, absorto na tranquilidade das salas de leituras da biblioteca. Depois comecei a usar a biblioteca do Banco que possui um catálogo imenso e incrível, é disponibilizado aos funcionários por meio de malote da empresa. Até me aposentar fiz uso intenso desse benefício que o Banco proporcionava. É maravilhoso visitar algumas bibliotecas como as do Gabinete Português de Leitura, a de Salvador e a do Rio são lindíssimas. Pretendo seguir frequentando e amando as bibliotecas. É parte de minha essência.

Ainda prefiro o livro físico, mas já possuo um bom acervo de livros digitais em meu tablet, que acesso principalmente quando estou viajando, pela comodidade de não transportar mais peso

O clima parece ser mais agradável, faz muito calor no México, Guatemala e onde estive em Honduras. De San Pedro Sula é possível ir para os destinos mais buscados no país, as praias caribenhas, que são fantásticas e muito procuradas, pretendo conhecê-las no futuro.

Ontem à noite vi entrevistas de Lula e Dilma, exclusivas para canais locais, estão dando uma grande cobertura, e os dois foram muito contundentes nas declarações, há uma simpatia a eles, e estão dando espaço para as opiniões deles, e percebi que não simpatizaram com a nova postura do Itamaraty depois das declarações do Serra.

Que esse golpe lhes seja duro de carregar.

Dia 19: 21/05/16

Tegucigalpa

O nome da moeda de Honduras é Lempira, não tenho a mínima ideia do que isso significa. Quando viajo gosto de guardar uma sequência de moedas do país que estou conhecendo, e quando volto junto com as outras que coleciono em um álbum adequado a elas; já possuo uma boa quantidade, com exemplares de vários países por onde passei. Sempre que posso guardo algumas sobressalentes para presentear alguns amigos que colecionam. Gosto de ver as gravações nas faces das moedas, os valores, a língua, os homenageados e os símbolos do país. Traduzem um pouco da cultura num pedaço de metal. Quando estive em Cuba uma velha senhora me deu uma moedinha do peso cubano que é restrito aos cubanos e vetado aos turistas, que usam o CUS (o peso convertido). Achei que ela queria me vender, mas ela riu e disse "Um regalo". Guardei-a com muito carinho.

Certa feita, quando criança, revirando as velhas gavetas da casa minha avó no Carrapichel, encontrei várias moedas antigas, ela deixou que ficasse com elas e eu fantasiava que eram raríssimas e muito valiosas, um verdadeiro tesouro perdido por algum pirata distraído. Era a brincadeira preferida naqueles dias. Não sei onde elas foram parar, devem estarem esquecidas em alguma gaveta da casa de mãe. Usualmente acho muito inconveniente manusear muitas moedas e no meu dia a dia acabo acumulando-as devido ao uso do cartão de crédito em transações financeiras; e como não consumo artigos como cigarros, ou uso o ônibus como transporte, acabo com um monte de moedas. Quando criança meus pais tentavam despertar nos filhos o sentido de economizar e nos presenteavam com "miaeiros", cofrinhos para juntar moedas para comprar algo mais valioso. Comigo nunca funcionou, pois eu sempre dava um jeito de me furtar, usando as moedas que havia economizado antes de encher o miaeiro. E até hoje sou perdulário, não sou de economizar, sempre acho uma justificativa para gastar. Sou muito imprevidente.

Nada! Nada! Nada! Nada a fazer em Tegucigalpa. Um sentimento igual ao do garoto do conto/crônica do Pingado, da Clarice Lispector, que li em tempos de infância, era um lugar do ideal imaginado na minha mente infantil que se tornou real e não correspondeu no físico ao que havia sido criado em memória. Nada que não possa ser superado. Acordei bem cedo, disposto e cheio de ideias, comecei o dia garantindo o próximo destino, San Salvador, fui de taxi até o terminal da Ticabus, é bem afastado, sem problemas, o taxi fica bem barato porque o real vale seis vezes a Lempira, o melhor mesmo é poder transitar pelas ruas, saindo da área central e se imiscuindo na periferia, subúrbios e vias mais internas, meio que sentindo a pulsação da cidade, que, para mim, é caótica, carente e viva como nas grandes cidades brasileiras, a mesma desorganização do que cresce a partir de suas próprias necessidades, sem o rumo que o arquiteto determinou, mas que seguiu as prerrogativas da urgência de abrigar alguma existência.

Igual ao Brasil, um povo muito miscigenado, se vê na cor, no corpo, no *way of life*.

Passagem comprada, cheguei ao centro e ainda não eram dez da manhã, comecei a andar e uma hora depois não havia o que conhecer, os museus fechados, a Catedral não tem muito o que se ver, não vou procurar mais igrejas e a região é de comércio popular, não quero comprar seis cuecas por 20 reais. O centro daqui é bem restrito, não há o traçado dos Zocálos das outras cidades, não tem muito o que se descobrir ou admirar, apesar de muitas pessoas sentadas na praça principal em frente à Catedral. Não há casario conservado, tudo é muito despersonalizado e sem graça. Os grandes centros comerciais modernos estão distantes do centro, cheios de *junks* food e de *junks wear*.

Honduras foi literalmente a origem do termo República das Bananas, graças ao poder colonizador das duas empresas estadunidenses United Fruit e Standard Fruit, que tocaram o terror na exploração das frutas e agricultura no Caribe, até presidente depuseram aqui em Honduras. A interferência dos EUA por aqui foi pesada, em tempos de guerras civis nos países da Central América, eles impuseram bases e controles nos governos daqui, deu trabalho para se livrarem dos nefastos. E ainda houve pesados conflitos com El Salvador, até com uma guerra chamada Guerra do Futebol que durou cem horas em 1969, com direito a bombardeio de El Salvador ao aeroporto de Honduras.

Sempre achei que na pobreza há uma condescendência cristã, uma maneira de relativizar e justificar essa crueldade social que é a distribuição de renda. Antigamente achava que a pobreza era honrada e bonita. Apesar de tudo que me diziam nunca me senti pobre porque nunca faltou comida nas mesas de meus pais. Cresci numa família em que todos trabalhavam muito, mas fomos criados como se houvesse carência, o que era recomendado pela dignidade cristã, mesmo sem faltar pão na mesa, o que era significado de pobreza, assim é que era necessário ser reconhecido, embora assim não me sentia pobre, pois meus pais tinham um teto para morar, meus avós colhiam o que plantavam na terra e bebíamos do leite que as vacas do curral davam, não me sentia pobre, pois eu andava em jipes e fuscas com meus tios. E, apesar das recomendações, nunca me senti pobre, pois havia caminhões que meu pai e meus tios dirigiam, mas com certeza também nunca me senti rico, simplesmente tinha uma vida boa porque havia recursos suficientes para que os membros da família não passassem por grandes necessidades.

Sentir-se pobre fazia parte do discurso dos mais velhos, a regra era a citação bíblica do camelo passando pelo buraco da agulha, simbolizando que na pobreza residia a virtude e a promessa de paraíso na vida eterna. Hoje percebo que a pobreza não é nenhuma virtude, somente a justificativa para a riqueza de poucos e para a exploração de muitos. É para quem tem interesse em manter esse estado e esse abismo. Qual o conforto que pode haver em ter que se lutar diariamente com carências, humilhações, explorações e a incerteza de um futuro confortável?

No passado as diferenças sociais se disfarçavam em seus guetos, distantes dos excessos da elite, mas atualmente como se conformar com isso se você tem um chip pré-pago e wi-fi disponível para se intrometer na intimidade deles, desejar suas festas, suas mansões, seus homens, suas mulheres, suas marcas, suas comidas e suas vidas? É tão indecente ter que se conformar com esse acinte.

Luxo para todos, como canta Caetano, é imperativo!

Ao viajar por nações mais ricas, sinto-me humilhado por constatar que no Brasil muitos não aceitam nem uma distribuição de renda tão simples como o Bolsa Família, sentem-se roubados e chamam de esmola ou compra de votos qualquer iniciativa nesse sentido. Não percebem que o pobre coitado desprovido de recursos básicos vai lutar por sua sobrevivência a qualquer custo, por bem ou por mal. Na minha infância convivi com a precariedade dos lavradores da zona rural de Bonfim, com suas casinhas de pau-a-pique, adobe, teto de palhas de licuri, sem banheiros, piso de chão batido, com poucos cômodos onde se amontavam adultos e crianças esfomeadas, uma cozinha esfumaçada com poucas panelas num fogão, a lenha improvisada e pouca comida para encher essas panelas pretas da fumaça que também tingia as paredes do pequeno ambiente, um pouco de arroz, feijão quase sem tempero, com sorte um pedaço de toucinho, somente o suficiente para garantir uma sobrevivência carente, crianças vestidas com panos que eram pouco mais que trapos, para os bebês e pequenos nem isso, corriam pelados pelo terreiro se misturando às galinhas e aos cachorros. Muitos nem sobreviviam a essa fase da vida, muitos não resistiam às secas intermitentes que desproviam ainda mais dos parcos recursos que esses miseráveis dispunham. Partiam sem deixar memórias. E, no entanto, as pessoas tinham fé, trabalhavam e rezavam incansavelmente, seguiam vivendo sem parecer ter consciência da existência de elites, lutas de classes ou ideologias. O mundo do rico fica depois da muralha à qual eles não tinham acesso, eram animados com a esperança da vida eterna onde seriam iguais e felizes, no céu, junto a Cristo e no reino de seu Pai.

Pensei em alugar um táxi e fazer um recorrido pela cidade, mas achei que era desperdício de grana, resolvi ir andando até o hotel, cerca de dois quilômetros. Localizei no Google Maps e usei o outro app, o que diz onde está o norte, a bússola. Não é que cheguei no hotel sem me perder (Guadalajara ainda está presente na memória), quer dizer, quase no hotel, havia uma pizzaria no caminho e resolvi fazer degustação das cervejas locais. Sem nada fazer a não ser observar, rememorei o que ouvi de música nesses dias, na Guatemala e Honduras, eles ouvem muita música dos anos 70/80/90 em língua inglesa, aí você está num restaurante e se pega cantando:

Such a lovely place
Such a lovely place
Plenty of a room at the Hotel California.
Não é por acaso.

Desde Acapulco o que vi de brasileiros foi na televisão, Lula, Dilma, Roberto Carlos (*Ese tipo soy yo*) e Alexandre Pires, acho que sou uma cota em carne e osso, a presença brasileira é praticamente ausente nessa parte do mundo. Eles também ouvem muita coisa local, bem romântica, as cumbias e reggaeton, que ainda não sei por que não estouraram no Brasil, os argentinos já ouvem há tempos, e sempre acho que merda espalha. Espero que continue assim.

Eu, refletindo sobre expressão artística, e acompanhando a distância o show de horror que está sendo vomitado nas redes sociais por conta da extinção do Minc, a expressão da inexpressividade que só se repercute no próprio eco da ignorância: dos ausentes intelectualmente que só se sentem representados quando respiram o chorume do próprio hálito; dos que estão à margem da civilização por escolha própria, imunes às tentativas de inclusão. Uma legião de nulidades, que se arvoram cidadãos para qualificarem a classe artística de vagabundos e cupinchas. Quanto desprezo sinto por esses micróbios, vidas insuficientes para ter corpo, substância ou expressão além do tão reduzido espaço que conseguem vislumbrar e se movimentar. E que se conformam com isso! Sinto nojo por esses insignificantes, que não valem a tinta da caneta que ganhei do hotel para escrever esse desabafo. Ignaros que se sentem à vontade para citar, criticar a Lei Rouanet, falar de subsídios ou qualidade de trabalho de quem se esmera para apresentar um espetáculo, bons ou maus, mas que sejam espetáculos. São os seres que a maior forma de reconhecimento é sua excitação quando se masturbam nos sites pornôs que acessam constantemente, nos filmes piratas que compram nos bares. Esse é o nível de crítica desses tarados que se posicionam pela moral e bons costumes, os que nunca compraram livros além dos que foram exigidos nas escolas, nunca entraram num museu, cinema, livraria ou teatro.

Fui forjado nesse eterno respeitar a cultura e sua expressão, e o que me vê e donde me vejo passa por isso. Então, aos obtusos, o meu mais especializado desprezo, um escarro nessas tuas mãos vis que nem se expressarem na sua língua nativa conseguem.

Acostumem-se à lama que lhes espera.

Dia 20: 22/05/16

Tegucigalpa — San Salvador

  Acordei muito cedo, às quatro da manhã, para pegar um ônibus que partiu às seis da manhã com destino a San Salvador, pouco mais de 300 km, que demoraram mais de oito horas de viagem, com direito a um pneu furado e parada na imigração, onde eu fui o escolhido por ser o único que não era centro americano, mas eles foram muito educados, era da parte de repreensão às drogas, fizeram as perguntas de praxe e me levaram para inspecionarem minha bagagem, aí rolou a vantagem de carregar pouco volume, quando viram minha mochila, fizeram uma breve inspeção e me liberaram bem sorridentes, e perguntaram se eu torcia pro Flamengo, sorri e me adiantei.

  Sempre afirmo que há uma vertente nos meus olhos, pois sou muito chorão, quando leio, quando assisto um filme, quando ouço música, quando me despeço, quando encontro, quando rio e quando vejo o belo, tanta coisa me emociona e me expõe, que fico com a emoção à flor da pele, e a tradução disso são as lágrimas que me vêm aos olhos. Não me recordo se sempre fui assim, mas quem me conhece sabe dessa minha característica e nem se espanta, quando abro o berreiro. Às vezes só de lembrar que chorei volto a chorar. Gostaria de ser mais árido, até tento, mas não tenho forças para controlar o ímpeto de chorar que me atinge. Nas reuniões familiares há sempre a hora do chororô, principalmente se houver bebida e Abel presentes, sempre vem a lembrança dos que já foram. Deve ser uma forma de reverência.

  Dessas lembranças lacrimais, a música "Nem se despediu de mim", que Luiz Gonzaga gravou, me foi interdita por muito tempo, evitava ouvi-la, era uma memória muito forte que recordava pai. Depois que fui morar em Salvador e voltava a passeio em Bonfim, ele bebia uma na minha intenção e essa música era o seu tema predileto, como se eu tivesse abandonado o ninho que ele criou. Antes de ele falecer, vítima de acidente automobilístico, tivemos várias discussões pesadas, eu já me sentia livre e ele queria impor conceitos medievais que já não me cabiam, e, na última vez que o vi, tivemos mais uma dessas discussões. Voltei para Salvador e logo depois ele morreu. Acho que a música me fazia chorar e, por me mostrar incompetente para compreendê-lo, evitava ouvi-la. Coisa difícil porque era uma música muito popular nos forrós de São João. Hoje já superei isso, mas ainda sinto nostalgia ao ouvir a música e um tipo de aperto no coração.

Também não me controlo em velórios ou enterros, e nem precisa ser de pessoas próximas, basta alguém puxar a fila que vou junto, como uma carpideira siciliana. Aliás, se alguém se emociona perto de mim, pego carona na emoção, como se fosse algo contagioso. Quando meu avô paterno morreu eu ainda era muito novo e não processava bem as emoções, o choro funcionava mais como uma moeda de negociação, uma chantagem para chamar atenção dos adultos ou para escapar de algum castigo. A morte dele foi minha primeira constatação de que a morte é uma ausência irreversível. A notícia chegou e causou uma comoção entre os meus familiares que nunca havia visto, sabia de mortes, já havia ido em enterro e velórios de vizinhos, mas era algo distante, como mais um dos eventos infantis em que não se diferenciava muito de uma brincadeira na qual gente grande chorava e a gente ia junto até o cemitério acompanhando o caixão. Naquele dia, fui incluído no acontecimento com todos da família, participei de todo o ritual, da chegada do caixão até o sepultamento, era no tempo que o corpo era velado na sala de visita da casa. E tudo aquilo assumiu uma coisa de maravilhoso e de espetáculo, todos cabisbaixos, sussurrantes e silenciosos, chorosos e dramáticos. Havia um enorme caixão cheio de apliques de marchetaria e de cromados, o entre e sai de vizinhos e conhecidos a cumprimentar os tios, os parentes distantes que chegam em caravanas, prantos e gritos surgiam inesperadamente e acordavam minha avó do seu torpor e ela se agitava aos berros do quarto onde estava desfalecida numa cama, cercada por mulheres que a confortavam e traziam chás calmantes. Ele não morava com minha avó, mas conosco em Bonfim desde que haviam se separado. Fazia parte daqueles meus dias, de quando acordava até quando dormia, estava junto nas refeições e nas brincadeiras noturnas quando não estávamos na rua. Depois de alguns dias senti a sua ausência e atentei que era definitiva, estava em meio a uma aula na escola, tive a clarividência da infalibilidade da morte, reagi com um choro inconsolável, me levaram para casa no meio da manhã, onde fiquei o resto do dia entorpecido de tristeza, havia compreendido o significado da morte.

Quanto a nós, "os mininus", observávamos tudo assustados e quando nos animávamos e começávamos alguma brincadeira éramos imediatamente chamados à ordem e cobrados da compostura que o momento exigia, depois de algum tempo aquilo nos entediou, mas não podíamos fugir. E tudo demorou muito, virou a noite no velório e continuou até o meio da manhã na hora do enterro, seguindo em cortejo pelas ruas de cascalho da pequena vila para a igreja, aberta para a última visita do falecido e de lá para o cemitério. E isso não me fez compreender que a morte dele era irreversível.

Logo depois o pneu furou e ficamos aguardando num posto de combustíveis até consertar. Fiquei conversando com um garoto guatemalteco que estava voltando para casa depois de passar as férias com a namorada que mora em Tegucigalpa, disse que vão se casar em breve e que ela vai morar com ele perto da região de Chiapas, ele disse que o departamento foi vendido pro México para comprarem armas. Ele me perguntou se o Rio é como no filme *Velozes e Furiosos*, onde todo mundo usa armas, falei que era exagero e o porte de armas é proibido e que só o crime organizado se comporta daquele jeito, mas que as pessoas não têm aquele tipo de contato.

O relevo já é bem diferente do que tenho atravessado, aqui há montanhas, mas a estrada segue por vales margeados por vulcões e montanhas, não tão altas como antes.

Em El Salvador a moeda é o dólar. Bom porque não precisa cambiar e ainda fiquei numa espelunca baratíssima no terminal de onde sairá o ônibus amanhã. Aproveitei o resto de tarde para um passeio na cidade, fui ao centro, que é um pouco mais interessante que Tegucigalpa, há prédios mais bonitos e praças, o taxista me falou que a região é muito marcada por eventos trágicos da guerra civil que aconteceu aqui. Passeei um pouco pela área, muita gente circulando, boates funcionando, mercados populares e comércio de rua a pleno vapor. Os prédios do centro passam a impressão de sujeira devido à quantidade de fuligem acumulada nas fachadas. Há muitos carros velhos circulando e os ônibus são aqueles usados para transportar estudantes nos Estados Unidos, em todos esses países eles são usados como coletivos e interurbanos. Há um documentário premiado que acompanha um motorista da Guatemala que arremata um ônibus desse na fronteira do México e o leva para ser customizado e vendido na Guatemala. Acontece que eles são retirados de circulação em excelente estado, por isso o pessoal desses países vai lá comprar, além de custar muito barato. Engraçado é que você vê uns bem coloridos e enfeitados, mas a maioria fica do mesmo jeito, só os letreiros que são traduzidos. E nas ruas é caótico o trânsito dos coletivos, eles param em qualquer lugar e cobradores gritam os destinos, é praticamente inacessível para turistas.

Quando fui à Rússia planejei assistir a uma apresentação do Balé Bolshoi, mas não consegui comprar entradas, além de ser caras não havia programação nos dias que lá passei por conta das comemorações do Dia da Vitória. E assim é que nunca vi uma apresentação de um grande balé clássico, com toda pompa e circunstância a que tenho direito, ainda me resumo às apresentações de sobrinhas e filhas de amigas em palcos escolares. Já assisti ao Balé de Débora Coulker, mas está mais para uma apresentação acrobática e de força atlética do que para a delicadeza de bailarinos na ponta do pé, tutu, e malhas coladas no corpo, isso só vi na TV e em DVDs em casa, conheço *Giselle*, *A Bela Adormecida*, *O Lago do Cisne*, dentre alguns, mas gostaria de presenciar ao vivo algo dessa magnitude.

Lembro-me das vinhetas de Pina Bausch que Almodóvar incluiu no filme *Fale Com Ela*, e elas eram tão impactantes pela força de expressão, delicadeza e beleza que se contextualizavam naqueles movimentos. Depois ao ver o filme *Pina* de Win Wenders é que tive a noção da genialidade dela, e agora sempre que vejo algo relacionado ao seu trabalho, faço questão de assistir. Filmes como *Billy Elliot*, que trata do preconceito que os meninos sofrem ao escolherem dançar e todos os olham como gays, são poucos, mesmo assim ainda me espantei quando vi garotos másculos andando com suas malhas pelas ruas de Havana, indo para a faculdade de Dança. E eles andavam orgulhosos e não havia olhares atravessados dos transeuntes. Gosto de ouvir trilhas sonoras de balé, já ouvi muito a dos clássicos que citei e até de outros, mais ainda de trilhas brasileiras, como Onquitô de Caetano e Visnik para o Grupo Corpo, O Grande Circo Místico, de Chico e Edu, A Missa dos Quilombos de Milton.

Outro filme sobre dança de que gostei muito foi o *Cisne Negro*, com Natalie Portman, que aborda os bastidores de uma montagem do Lago dos Cisnes, um roteiro em que a dedicação pode levar ao delírio e confundir o real com o teatral. Enfim, quando houver uma oportunidade, farei de tudo para aproveitar a ocasião e assistir a um grande balé.

Amanhã, mais um trecho de resistência, 12 horas previstas de ônibus, no geral não me incomoda muito porque considero uma parte importante da viagem, dá para conhecer melhor o país, até porque você tem mais contato com os nativos. E ainda dá para fazer outras coisas, como, por exemplo: hoje terminei o livro do Marcos Napolitano sobre o golpe militar no Brasil, mais referências para entender como funciona a nossa mente brasileira, muito contraditória, e também para perceber que os interesses não mudam, e que os atores e forças são praticamente os mesmos.

Dia 21: 23/05/16

San Salvador, Managua, Granada

Nunca senti a vida como um evento espetacular, cheia de pompa, circunstância, luz e fúria, mas nem por isso deixei de aproveitar ao máximo todos os eventos que ela me proporciona: partos, velórios, batizados, casamentos, divórcios, namoros, aniversários, inaugurações, despedidas, confraternizações, shows, viagens, entradas, saídas ou mesmo um happy hour, porque sou filho, neto, sobrinho, irmão, primo, amigo, conhecido, testemunho, presente, ausente, namorado ou companheiro, no geral com álcool envolvido nos processos, participo com o máximo de fervor que posso. Por outro lado, a minha fé, espiritualidade, crenças e sincretismo se diluíram na presença de todos esses dias que já vivi. Se esquecendo por falta de revelações e concretizações, deixaram que o meu mais forte ceticismo ocupasse esse lugar. As minhas igrejas, terreiros, ashrams, tumbas, centros, encruzilhadas, velas, incensos, águas, ervas, pedras e amuletos ainda são reverências de um conhecimento que me ajuda a manter uns canastrões longe de mim, maneiras de informar que tenho acesso a outras esferas além dessa frágil existência material. Um invólucro resistente, embasado por práticas, estudos e experiências que ainda resistem em mim.

Quando ele apareceu, parecia que vinha conduzindo um enfeitado andor de procissão para algum padroeiro de cidadezinha do interior, cheirando a rosas e alfazemas, iluminado por velas, acalentado por velhas beatas e conduzido por anjinhos com asas de algodão, cantando hinos de louvor. Era todo feito de fé, missas dominicais, absolvição, hóstias e remissão dos pecados habituais, principalmente à onipresença e à onipotência divinas, amor e respeito à família. Nossa, ele era até crismado! Ao pressentir tudo isso, a influência diabólica se apossou de mim, um riso cínico se escondeu em meus lábios, dissimuladamente me empenhei em destruir aquela fé que o animava, expondo as fraquezas que essa fé causava se não houvesse os questionamentos da doutrina, da ausência da catequese, do tédio das homilias, da espera ansiosa do libertador "vamos em paz..." do final da missa, para logo voltar aos pecados usuais e prazerosos.

    Havia muito tempo que eu já estava imune a essas coisas da fé e da prática religiosa, desde quando optei pela razão que me deu luz e coerência, os meus verdadeiros evangelhos. Encontrei uma missão quando o conheci, destruir aquela pura fé que ele parecia ter, aniquilar a ingenuidade que o fragilizava, que fora construída pela tradição familiar cristã, tão superficial e suscetível a estímulos e influências. Sutilmente, cruelmente e indecentemente fui me imiscuindo, minando e destruindo essa base em que ele se sustentava. Hoje sei que estava enganado, aquela fé não era tão forte, ele já estava perdido e procurando seus próprios caminhos, queria ser meu discípulo, eu fui o seu evangelista, responsável pelo dogma que ele passou a seguir. Inoculei o meu veneno, que achava que seria maligno, mas que para ele se tornou luz que dissolveu as trevas que cobriam a sua alma. Eu nem sabia que podia ser assim para os outros, também virou a verdade para ele. Não sei se ele se preocupou com as consequências de sua nova fé, não me interessei por isso, vi o brilho que ele adquiriu e que o distingue, ele já foi além do que eu calculei. Isso também foi o resultado de mais uma experiência. Nem sei se ele percebeu isso.

    Mais um dia de muito asfalto, quase 14 horas na estrada. Ainda tenho outro trecho que iria fazer de ônibus, até La Fortuna na Costa Rica, mas desisti, não aguento mais passar 12 horas dentro de um transporte. Comprei um voo de uma hora até lá. Acho que já deu para conhecer o relevo, flora e um pouco da fauna desse continente, e hoje tenho quase certeza que vi um Quetzal, o mitológico pássaro da América Central, olhando pela janela do ônibus, vi o voo de um pássaro colorido com um rabo impressionante, revi a imagem na internet e estou convencido de que o vi. Um privilégio! Eu poderia ter otimizado esse trecho se o percurso fosse Guatemala – San Salvador – Copán – Tegucigalpa – Granada, teria economizado umas 15 horas de ônibus, enfim, por causa desse vacilo entrei e saí de Honduras duas vezes.

    Foi bastante tempo na estrada e relembrei-me de tantos amigos que me cercaram durante toda a minha vida, são tantos que vêm e vão, lembrei-me de como André e Carlinhos são pessoas com os maiores corações que conheço, sempre dispostos a ajudar a quem deles precise. Estão sempre à mão para cuidar de doentes, fazer companhia, socorrer quem está em situação difícil, abrigar em suas casas e cuidar. E não é por carência ou qualquer outro sentimento menor, sei que é porque são muitos generosos.

André eu conheci na infância e nunca me distanciei dele, sempre estamos em contanto. Tanto tempo, tanta intimidade que transcende a simples amizade, é coisa de irmandade mesmo. Já Carlinhos conheci por intermédio de Lu em um São João em Bonfim, já há tanto tempo que nem me interessa mais contar, lembro que ele trabalhava no prédio do Baneb do Comércio, ao lado do Banco onde eu trabalhava. Nos divertimos juntos no São João e não imaginei encontrá-lo lá em Salvador, mas eis que um dia dou de cara com ele no saguão do elevador do andar onde eu trabalhava, achei estranho, mas marcamos alguma coisa no fim de semana, desde então nunca mais perdemos o contato, coisas de farras homéricas, brigas também e principalmente muitas estórias e memórias construídas juntos. Quando ele morou no Itaigara e eu em Brotas o nosso convívio era muito intenso, começávamos na sexta e só parávamos no domingo, entre um endereço e outro, maratona de cervejas e outros baratos. Cheio de amigos, aproveitadores, praias e muita alegria. Apesar da loucura, ele sempre se posicionou como o equilibrado, o que normalmente cuida dos mais aloprados, tipo eu, e numa dessas, depois de um dia de praia e cerveja, jantamos com Alexandre num restaurante nordestino na Pituba, de lá circulando pela orla, perto da Boca do Rio, resolvi descer para a praia, já estava muito bêbado, eles queriam me segurar no carro, ameacei abrir a porta e pular, ele parou e eu fui para a areia e me sentei. Eles se irritaram e foram embora, quando voltei não os encontrei, peguei um táxi e fui dormir em casa. Já tarde pela manhã ouço o interfone tocando insistentemente, eram eles, abri a porta e eles me encheram de porradas e de abraços. Acharam que eu tinha feito alguma merda quando não me encontraram na praia após eles darem uma volta para ver se eu melhorava. Eu já fiz muita merda abusando da paciência dele. A maioria ele perdoou, mas acho que há algumas que ele ainda sente, mas assim mesmo faz questão de preservar nosso relacionamento. É como ele funciona, elege pessoas que parecem intocáveis para ele, se dispõe a tudo para cuidar desses eleitos, adota os filhos, as esposas, os maridos, a família como se fossem parte dele. Parece uma passionalidade platônica, mas deve ser puro amor. Acho que me lembrei dele como uma coisa simbólica dos amigos que continuo preservando pelo passar do tempo e que continuam marcantes para mim.

Um fato curioso, não vi muitos bêbados ou bebedores nesses países por onde andei. Não vi os bares lotados nos *happy hours*, como no Brasil. Há excelentes cervejas por aqui, melhores que as Antártica e Skol que a Ambev está transformando em merda, mas não vi muita gente bebendo publicamente. Na noite o consumo é do tipo clássico, casais, amigos bebendo educadamente, sem derrame. No dia que me empolguei, quando cheguei na quinta long neck, a garçonete me avisou que só poderia servir mais uma, parecia praga de mãe. O que eles fazem muito é comer, são centenas de estabelecimentos que servem todo tipo de coisa, taquerias, pulperias, antojos, antojitos, um monte de derivados que se qualificam com uma "ria" no final, sem falar nos tabuleiros, fogareiros, carrinhos e chapas que se estabelecem nas ruas e ficam cercados de consumidores.

Durante uma aula, quando cursava a faculdade, uma colega fez um relato tocante e engraçado sobre depressão, que deixou todos na classe entre surpresos e estupefatos, pois ela era uma garota bonita e divertida que curtia muito a vida, namorava e festejava muito, e de repente nos conta sobre sua depressão na recente adolescência, de como se isolou e culminou numa tentativa de suicídio, cujas cicatrizes em seus pulsos eram as testemunhas daquele momento. Mas ela se recuperou com apoio da família e estava muito feliz naquele momento. O triste é que anos depois ela morreu em razão de uma complicação pós-cirurgia de uma intervenção simples.

Conheci várias pessoas depressivas, algumas suicidas e muitas que tiveram Síndrome de Pânico. Antigamente se dizia que depressão era coisa de ricos porque pobre não tinha tempo para isso, tinha que ralar muito para sobreviver e não poderia perder tempo com frescuras, mas também já conheci muito pobres com depressão, apesar de continuarem ralando. No Banco houve uma época em que vários colegas começaram a se afastar do trabalho por conta de crises de Síndrome de Pânico. De um deles ouvi o relato sobre como o processo foi se instaurando e ele nem se dava conta, parecia uma indisposição que lhe tirava a vontade de ir trabalhar, começou a faltar, usar folgas até ele perceber que seu corpo reagia mal quando ele chegava na guarita do prédio, a seguir não queria nem sair de casa, depois nem do quarto. Não se banhava, trocava roupas ou penteava o cabelo, acreditava que se saísse de casa, o equilíbrio de sua vida se quebraria, que seus familiares morreriam e que tudo de horrível aconteceria com ele. Por sorte sua namorada percebeu os sintomas e tomou as rédeas e o levou para tratamento psiquiátrico. Ele passou alguns meses até retornar ao trabalho.

Todas as vítimas da Síndrome que eu conheço foram unânimes em afirmar que o temor de ela retornar é sempre presente e que eles têm mecanismos de alerta para prevenir o recrudescimento. Morro de medo de que algo assim aconteça comigo, acho que já tive alguns começos depressivos, especificamente durante um período em que fiquei muito sem grana e endividado e achava que não conseguiria bancar os compromissos; naqueles dias eu passava a maior parte do tempo deitado ou dormindo, a muito custo me levantava para ir trabalhar, como se quisesse fugir da realidade. Ainda bem que a crise passou e consegui pagar as dívidas e afastar a depressão que me acercava.

Na minha estadia na Nicarágua pensei em dividir a hospedagem entre Manágua e Granada, mas li alertas que Manágua não era muita atrativa como cidade, melhor ficar em Leon ou Granada, optei pela segunda, mas cheguei no país por Manágua, e foi como se fizesse um city tour, o ônibus atravessou lentamente a cidade, da periferia até o centro, deu para sentir o clima, gostei mais do que Tegucigalpa e San Salvador, parece mais limpa e organizada, porém mal iluminada. É banhada pelo Lago Nicarágua, que deu para ver de relance ontem, e tem o vulcão Massaya, que não deu para ver, quando cheguei estava escurecendo, então perdi alguns lances que só se vê com a luz. Para chegar a Granada, 50 km de distância, precisava tomar mais um ônibus, mas na saída do terminal havia uma multidão de taxistas, tipo um leilão de corridas, pediram cinco dólares (aqui é aceito como uma segunda moeda em todos os lugares), fiz corpo mole e um me arrematou por três dólares, no caminho conversamos e ele me trouxe até Granada, pediu 50 dólares, cheguei por 25. E ainda abasteceu com dólares e me deu o troco em Cordova. A moeda local, super desvalorizada, o dólar vale 28.4. O taxista reclamou do custo de vida que está muito alto, disse que há desemprego e uma crise econômica muito forte.

Granada me pareceu incrivelmente linda e acolhedora, por hoje só jantar e sentir o clima, mas acho que há muito a se ver.

Quando passei pela imigração vi uma imensa bandeira vermelha e preta com as letras FSLN, e veio à memória como essa sigla foi repercutida pela imprensa no final dos anos 70 e início dos 80, eram os guerrilheiros cruéis que ameaçavam o país e os EUA intervieram para manter a ordem democrática na Guerra dos Contras. Eles que mantinham o Somoza no poder. Hoje o FSLN é um partido político, é irônico perceber como funciona esse poder manipulador da mídia, principalmente quando somos garotos e nossa formação ainda é muito influenciável, e sem uma orientação mais independente, podemos ser maquiavelicamente induzidos a inverdades. Hoje acredito na História como a grande mestra, é só tentar entendê-la que não haverá mistificações e enganações.

Ao pensar sobre voz ou vozes, as que me vêm à mente são vozes maviosas, vozes que cantam como Gal, Bethânia, Callas, Beyoncé, Lady Gaga, Caetano, Lilla Brown, Nana, Milton, João Bosco, Fred Mercury, Pavarotti, Montserrat Caballe, Elomar, Luiz Gonzaga, Tetê Espíndola, Marisa Monte e toda uma lista que me embala desde que me entendo. Estranho não me lembrar de vozes desagradáveis, mas é porque elas não me marcam, incomodam na hora que as ouço e esqueço logo que se calam, não é coisa que penso sobre. Há uma música de Delibes, em Lakmé, chamada Duelo das Flores, em que o ponto forte é a disputa vocal entre sopranos, são sons em que a voz humana abre portal para paraísos. A voz de Cássia Eller duelando com Edson Cordeiro, ela atacando de Satisfaction, dos Rolling Stones, e ele de A Rainha da Noite, de Mozart, um belo confronto vocal. Quando penso em voz, as que me vêm à mente são as femininas, mas tenho um grande elenco de vozes masculinas bem marcantes, ouço antigas gravações de Milton Nascimento e penso, sim, é uma voz, ou em filmes em que as vozes graves e másculas me chamam a atenção.

Lembro-me de um filme de Jean Cocteau, *A Voz Humana*, interpretado soberbamente por Anna Magnani, que passa todo o filme falando ao telefone durante uma tempestade, ela está desesperada tentando conversar com o amante que a trocou por outra, o filme é uma obra de arte porque explora os sentimentos a partir das locuções que a atriz emite.

Há também a dimensão das vozes sem rosto, como as dos locutores de rádio que já protagonizaram deliciosas estórias de paixões que foram despertadas pelo som dessas vozes. Muitas vezes o físico não corresponde ao imaginado pelo som que a voz invocou. E já vi relatos de casamentos e perseguições obsessivas. Tenho um amigo em Bonfim que faz um programa de rádio em que ele interpreta um velho caipira, mas ele é ator, então se caracteriza para receber os ouvintes e disse que é um trabalho muito recompensador.

Gosto de ver como os animais se identificam com seus sons, pinguins encontram seus filhotes em colônias com milhares de outros, focas e leões-marinhos, pássaros que emitem trinados para seduzir ou ensinar aos seus filhotes, galinhas cacarejando para seus pintinhos, todos têm uma identificação vocal que os individualiza. A voz transcende o mero meio de comunicação que é sua função perceptível, vai além do físico e se imiscui no místico e no espiritual, o nosso condutor para outros portais ou planos astrais. As crianças com as vozes em formação são encantadoras, o desagradável é assistir filmes com adultos dublando vozes infantis, com um anasalamento que não é natural. Quando vejo uma menininha, dublada, gritando "mami, mami", dá vontade de vomitar.

Quando estudei em Malta, na minha sala havia pessoas de vários países, Coreia, Turquia, Alemanha, Rússia, França, Itália, Síria, Venezuela e Japão, e o interessante era notar que cada uma de suas vozes tinha características intrínsecas à sua origem, na modulação e na emissão dos fonemas, os alemães mais guturais, os orientais mais musicais, os turcos mais rascantes e os latinos mais cantados. Ao ouvi-los em inglês dava para identificar a origem pelo acento da pronúncia.

Ontem a Rede RT de TV veiculou uma reportagem/debate sobre o golpe no Brasil, a partir da divulgação na Wikileaks dos documentos que comprovam a atuação do interino como informante dos EUA, vários analistas qualificaram-no de retrógrado, atrelado aos interesses estadunidenses, velho e subserviente, ainda chamaram o Serra de peão dos ianques. Eles falam com propriedade, afinal os EUA fizeram a festa por essas paragens, décadas de abusos para garantir sua exploração. Como disse o Rooselvelt sobre Somoza: "Ele pode ser um filho da puta, mas pelo menos é o nosso filho da puta".

Dia 22: 24/05/16

Granada, Manágua e León

Ouço tanto
No teu silêncio
Tanto da voz que se cala
Tanto de reprimido sentimento...

E o teu silêncio grita
Eu berro
Para que teu silêncio
Silencie.

Ouço tanto
Do teu silêncio
Que meus pés me perdem
Perdem o meu equilíbrio
Não tenho como me apoiar
No teu silêncio.

Ouço tanto
Com teu silêncio
Que ensurdeço
Que emudeço.

Não há mais voz
Com minhas palavras
Na minha boca.

Ouço tanto
Que me envergonho
Dispo-me
E saio às ruas
Nu
Em desespero
Danado!

Querendo ouvir
Do teu silêncio,
Que minto
Que fujo
Que finjo
Que calo!

 Finalmente um dia mais ou menos light, uma tarde em León, a cidade diametralmente oposta a Granada, tendo em referência Manágua, também é uma bela cidade histórica com arquitetura colonial, não é tão charmosa como Granada, mas tem muitos encantos. Entre essas cidades, a natureza usou suas bijuterias, lagos e vulcões lindíssimos, para onde você orienta tua visão há fenômenos naturais, até a flora se especializa em árvores de caules estranhos, como se raízes se elevassem para aplaudir os verdes das folhas, os vulcões são tantos que há velhos, extintos e jovens em plena fase de crescimento, disseram os que conhecem. Definitivamente, a Nicarágua ganhou meu coração, era como se fosse Salvador quando lá cheguei em meados dos anos 80, e o povo daqui tem um pouco de lá, na miscigenação, na gentileza, na naturalidade e na receptividade, sem o lado folgado e mal-educado que nós baianos temos.
 Anselmo dizia que "barba é maquiagem de viado!", usava constantemente essa expressão para desqualificar os carinhas que estavam no armário e se escondiam atrás de estereótipos masculinos, fingindo fazer o papel do hétero, com machismo, namoradas e justificativas para a sociedade, e quando tinham oportunidade trepavam com os viados. Na maioria dos casos ele estava certo. Na verdade, gosto de

barba em rostos masculinos, que não sejam aquelas performáticas, quase instalações que cantores sertanejos, jogadores de futebol e os viados inventam de criar, como uma instalação de arte mal elaborada, que não passa de modismo equivocado e que não valoriza em nada o dono dos pelos. Já usei barba e já fiquei de cara limpa muitas vezes, mas nunca por exigência da moda, só mesmo por vontade de mudar. O Anselmo também tinha orgulho da barba que ostentava, achava que ela o distinguia entre os viados porque antes de ser um viado ele era um homem, que os homens o respeitavam porque ele não fazia o jogo do gay que queria imitar as mulheres. Por ser uma característica masculina os pelos crescidos ou depilados do queixo ajudam a definir socialmente um papel sexual, parece meio ridículo, mas acho que a tendência gay é preferir a pele lisa e feminina, tratarem-na com cremes e esfoliantes, a barba em rosto de viado não é nada mais do que moda. E elas adoram modas. Vejo os viados com cara de homem por conta do modismo, não pelo gosto pessoal. As barbas acrescentam um toque rústico que tem um grande poder de atração em mulheres ou homens.

    Há povos que a barba é uma coisa religiosa, como os judeus, os árabes e os indianos. Li que os Sikhs indianos não depilam os seus pelos, abrigam seus cabelos em turbantes coloridos e com uma técnica especial conseguem esconder o crescimento de suas barbas. O que importa é como uma característica natural do macho pode ser tão definitiva num jogo de atração, repulsa ou definição de uma postura sexual. Pode ser um adereço, uma característica ou distintivo de masculinidade, ou ainda mesmo o nosso elo perdido com os primatas, que um dia perderá o sentido, como o cóccix, que dizem que já foi uma cauda.

    Quando comecei a trabalhar no Banco, nos anos 80, as normas internas proibiam as barbas, a não ser se fosse "tradição de família", acho que era um resquício da monarquia. Em casa, barba crescida ou malfeita era sinônimo de desleixo e identificação de vagabundos. E o contraditório é que quando senti que começou a surgir uma penugem que se fortalecia no meu queixo, querendo virar barba e bigode, sinais de que eu estava numa fase de transição, que minha infância acabava e minha jornada em rumo à maturidade, esses pelinhos geravam uma excitação sem precedentes, corria aos espelhos da casa para mensurar o crescimento deles, não vendo a hora de usar os equipamentos de barbear do meu pai, creme, pincel de pelos e o barbeador de gilete. Os garotos mais experientes davam dicas infalíveis para acelerar o processo de crescimento: quanto mais raspasse mais forte e negros nasceriam os novos pelos, e era uma raspação sem fim. Até que um dia havia uma barbicha e um bigode mais relevante. E depois virou uma coisa incômoda, pois não era barba, parecia mais uma fuligem no rosto. E assim passei a vida que veio sem levar muito a sério aqueles pelos que definem meu genótipo, na maioria dos dias preferi ficar de cara limpa, mas esporadicamente gosto de deixá-los crescerem. Uma sutil mudança de expressão.

Fiz o meu caminho como um dos nativos, fui até o terminal de Granada que leva até a Uca, o terminal de Manágua, se um deles se conecta com outros *buses* para novas destinações, é muito barato, quando a van enche e parte levando as pessoas, no caminho o cara que estava ao meu lado puxou papo ao me ver interessado nos vulcões que via no horizonte, contou-me que o parque está bem protegido e que você paga taxas para ficar próximo à lava por 15 minutos, não mais por conta de gases tóxicos, só que é isso que atrai um monte de gente, porque esse vulcão fez um estrago recentemente. O pacote é oferecido em todas as agências, não manifestei interesse, prefiro conhecer a cidade amanhã.

Quando mudei de van para seguir até León, convivi com uma daquelas coisas que eu considero sem noção numa viagem, a cada vez tento ficar mais leve e livre para seguir, e aí me deparo com uma prancha atravessando o piso da van, obrigando a todos numa corrida de obstáculo para conseguir sentar-se num dos bancos que ela obstruía. O dono era um loirinho, novinho, com cara de estadunidense. A prancha deve ser insubstituível para você carregá-la num caminho transcontinental ou até transoceânico, um trambolho daquele tamanho é muita paixão ou burrice mesmo. Nessa van um garoto nativo, estudante de engenharia civil, puxou papo ao ver que estava com o guia do Lonely Planet, me contou que um amigo fez uma viagem de sonho, subiu do Peru até o México, o único transtorno, além dos econômicos, é que para sair da América do Sul para a Central só de barco, não há estradas entre a Colômbia e o Panamá. Ele sonha em fazer um mochilão e conhecer o Brasil, mas agora se prepara para fazer um mestrado na China.

Percebi, desde que saí de Acapulco, que as informações sobre o Brasil são limitadas (já havia cantado a pedra). Até numa agência de turismo onde contratei o *transfer* até no aeroporto a garota me informou que eu sou o primeiro brasileiro que ela atendeu. Por favor, conterrâneos, menos CVC, mais aventuras!

As festas de final de ano são um saco! Cheguei a essa conclusão após séculos de sofrimentos e micos, participando de todas as modalidades que a mediocridade trabalhista pode criar, cafés da manhã, almoços, jantares, confraternizações, amigos secretos, excursões, churrascos, o escambau. E foram no trabalho, em clubes, restaurantes, fazendas, casas, os colegas de trabalho, família, condomínios e amigos. As mais desagradáveis ainda incluíam o amigo oculto, que sempre deixava alguns insatisfeitos com os resultados. Já presenciei situações hilárias, seja pela disputa de algum brinde, seja pelo comportamento dos participantes, como brigarem e até se sentarem no presente para que ninguém pegasse ou até esculhambar quem comprou presentes vagabundos. Atualmente o pessoal já estabelece um critério que torna a brincadeira até aceitável, fui em um que os presentes seriam escolhidos com o tema vinho, e com um valor mínimo, foi bem legal e sem reclamações.

Outro grande equívoco são as confraternizações de trabalho, no Banco parecia que era o momento em que alguns colegas aproveitavam para tirar a barriga da miséria, tal a fome que chegavam, um desespero para devorarem o que podiam no menor tempo possível. Uma vez quase que perco meu dedo, pois um colega o segurou e queriam comer achando que era um quibe. A comédia era o sofrimento das equipes que organizavam esses eventos, porque havia tantas opiniões diversas que o consenso era quase impossível. Lembro de uma em que Ângela estava envolvida, fizeram uma pesquisa sobre as opções e a maioria queria ir para uma churrascaria, o problema é que a verba era pequena e o número de participantes era grande, afinal conseguiram uma, mas os participantes teriam que pagar uma pequena taxa extra e a bebida, mais da metade desistiu, sorte para os que foram, sobrou dinheiro, bebemos à vontade e não precisamos voltar para o trabalho. E ainda sobrou dinheiro para um café da manhã. O pessoal era tão mesquinho que preferia comer num restaurante a quilo, inclusive pagando mais do que teria que pagar se fossem ao churrasco. Uns pobres coitados. E quando havia bebida era pior, porque no final sempre havia micos homéricos, de gente saindo do armário, trepadas no estacionamento, performances de balés e outras danças mais populares, como um colega imenso e caladão que protagonizou uma "na boquinha da garrafa" no meio do salão. Outros brigavam, outros se declaravam. E no dia seguinte todos voltavam como se nada houvesse acontecido, ou fingindo não ouvir os risinhos abafados dos filadaputas que não bebiam. Antes de me aposentar já não frequentava mais esses eventos, raramente me dispunha a ir, somente aos mais restritos e com pessoas mais íntimas. O que continuo fazendo até hoje.

Chegar em León é mais tranquilo, a rodovia tem menos movimento. A primeira impressão é de que Granada é mais interessante, mas León guarda as tradições das lutas de glória e de tomada de poder, e a memória de um povo que não se submete tão facilmente. Há uma Catedral absurda, que se acalma feito um brontossauro numa sombra, ela é a maior catedral da América Latina. Andei um pouco pelas ruas adjacentes, estreitas, compostas por um casario antigo e colorido, mais igrejas e mais praças interessantes com um trânsito bem intenso. Os táxis são coletivos, vão pegando mais passageiros pelo caminho. E ainda dividem espaço com umas charretes adaptadas com uma bicicleta, que são mais lentas e atrapalham o trânsito. Provei um prato típico da cidade, chancho com yuca, uma carne de porco cozida, acompanhada de aipim e salada de repolho, o interessante é que tem torresmo pururuca que só comi um pedaço porque vi que tinha pelos imensos visíveis nos outros torresmos.

Voltei para Manágua e cheguei na Uca na hora do rush, e havia uma fila esperando pelos coletivos para voltar a Granada, aí lembrei mesmo de Salvador, no tempo que morava em Brotas e voltava para casa nos ônibus lotadíssimas do final da tarde, com direito a grandes engarrafamentos, hoje foi tal e qual, mas ao menos vim sentado, vendo o povo se apertando, o cobrador tentando chamar mais gente nos pontos e o motorista mandando ver numa buzina que parecia de rebocador. Uma boa experiência, não deixou sequelas.

Observei que há muitas citações usando o nome de yeovah (Jeová), nas paredes, nos carros e em outdoors, vi reportagens dando conta da redução dos fiéis católicos, e incremento dos evangélicos. Só vi uma Universal, em Tegucigalpa, mas vi espaços imensos fora das cidades, que parecem ser centros religiosos, todos com muitos pôsteres de discípulos piedosos.

E descobri que não vi um Quetzal, vi um Guardabarranco, o pássaro símbolo nacional.

Há coisas que não deveriam permanecer ao alcance da memória, simplesmente deveriam ser sublimadas e esquecidas definitivamente, mas a memória parece não se submeter ao racional e tem seus próprios desígnios, sua crueldade e seu livre arbítrio, afirmo isso a partir da minha, que insiste em ser volúvel, indiscreta e sádica. Sempre retorna com os fatos que eu gostaria de esquecer.

Quando sofri por amar, as lembranças vinham como uma lâmina de aço fervente que fatiava finamente o meu cérebro, meu coração e os meus dias, sem anestesia e sem alívios. Era dor demais! Cada instante um tormento por memórias de dias que já habitavam o passado, emplastros vinham com cheiros, sabores, estímulos que os sentidos registraram, uma comida, a cor de um lugar, um sol ou um vento, ou tudo junto. Um turbilhão. Mas há o Senhor Tempo, que também é inexorável, e nos protege dos prolongamentos das dores, reduz o tormento, ameniza e alivia a carga, até se tornar uma lembrança num dos escaninhos da memória. Até não doer mais, e é o que estou tentando fazer. Minha memória me leva aos primeiros exercícios de existência que tive, bem novo, um aprendiz, desenvolvendo a compreensão de viver. Já fiz esse exercício, e retorno a ele sempre que posso, qual a minha primeira memória? Regrido ao passado mais remoto que minha memória guarda, encontro minha mãe, meu país, avós e tios, os primordiais protetores de minha existência. Ela me leva ao tempo de três anos de existência, em viagens de trens de Santaluz a Carrapichel, aos domínios da casa onde meus avós moravam, aos animais, às plantas e às pessoas. Minha mãe já confirmou que não falseei a memória, foram eventos que aconteceram e que eu lembro.

Consumo muita informação, intensamente, sempre, e às vezes meu cérebro organiza essa colcha de retalhos caoticamente. Algumas vezes não consigo acessar imediatamente uma informação que sei que tenho, deixo de molho e penso em outra coisa, quando fumava, acendia um cigarro e viajava. Depois de um tempo a memória me trazia de volta o que eu precisava. Sempre lembro de filmes, livros, textos, pessoas, atores, tramas, diretores, poetas, escritores, poesias, lugares, histórias e estórias, artes, pintores, poesias, ruas, cidades, fotos, regras, leis, santos e demônios, as horas, as somas, as receitas, os cheiros, os sabores, lembro que lembro, e é tanto! E sei que isso tudo é o que sou, a minha memória. Além de minha personalidade é o que me define intelectualmente e socialmente. A minha personalidade se impõe, a minha memória me lapida. Se esqueço algo é graças à amnésia etílica, são eventos sob o efeito do álcool, que não fica o menor resquício, como se fosse conveniente. Às vezes nem sei como cheguei em casa, com quem estava, o que conversei, com quem briguei ou mesmo o que bebi. O dia seguinte é um pesadelo desperto, uma tentativa frustrada de recuperar os frangalhos da memória. Tudo em vão.

O meu clássico aconteceu em um réveillon em Salvador, planejamos uma grande festa, muita gente, bebida, comida e alegria, desde cedo todos já na maior euforia. Lembro do Pedroca usando uma banana e uma fatia de melancia inflável que eu havia comprado na Mesbla para decorar a sala e escrever nos vidros da janela: "não culpe a janela pela feiura da paisagem", e desde cedo já bebia, fazendo a comida, recebendo as pessoas. À noite a casa era uma festa sem limites, e é o que me lembro. Acordei com o sol queimando minha cara, deitado no tapete, de roupa nova, calça branca e camisa rosa, abraçado com a banana. Havia vários corpos ao meu lado, uma pegada no teto do apartamento e nenhuma lembrança de como eu estava ali, mas o pior veio com a revelação das fotos, elas comprovavam que eu estava vivo na virada do ano.

Amanhã pretendo curtir Granada, que já estou gostando muito, vou usar a bicicleta do hotel para explorar melhor essas ruas e caminhos interessantes.

Dia 23: 25/05/16

Granada

Principio rendendo loas, ao grande nome da Nicarágua, Ruben Darío:
Triste, tristemente

Un día estaba yo triste, muy tristemente
viendo cómo caía el agua de una fuente.
Era la noche dulce y argentina.
Lloraba la noche.
Suspiraba la noche.
Sollozaba la noche.
Y el crepúsculo en su suave amatista,
diluía la lágrima de un misterioso artista.
Y ese artista era yo, misterioso y gimiente,
que mezclaba mi alma al chorro de la fuente.

E Darío, é de León, onde nasceu, onde está enterrado com seu filho na imensa catedral.

Percebo, no calendário, que o retorno está se tornando muito próximo, mas ainda não deu a saudade de dormir na minha cama ou usar o meu vaso sanitário, estou bem e confortável com tudo. Dentro do meu próprio casco, como um jabuti. Depois do café, peguei na bicicleta disponível no hotel e margeei o lago, e foi muito bom, pedalei por quase uma hora, ainda não era dez da manhã, mas havia esquilos brancos e imensos, maconheiros envergonhados e os doidinhos frágeis do crack, extremamente frágeis, quase perdendo suas vidas aprisionadas em nada, vidas que não valem nada. Insignificantes e incômodos a todos nós. Nojento!

Na minha infância e adolescência era fissurado por álbuns de figurinhas, os primeiros, que desencadearam o vício, foram aqueles que prometiam prêmios ao se completar uma série ou se encontrasse uma figurinha premiada. As figurinhas eram vendidas em envelopinhos lacrados e que continham três delas, aleatoriamente escolhidas. Quando chegava um novo álbum nas bancas de revistas a garotada enlouquecia, era uma obsessão, tudo girava em torno daquilo. Ninguém se concentrava nas aulas, só esperando a hora do recreio para participar de negociações de compra, venda e troca de figurinhas. Havia ainda o jogo de bafo que consistia em tentar desvirar as figurinhas, todos colocavam as suas emborcadas e começavam a bater com a palma da mão, quem conseguisse virar as figurinhas ganhava. Havia um pessoal que era especialista e conseguia ganhar dos mais inexperientes, como eu. Eram uns bandidos. Andavam com maços de figurinhas, negociando e despertando a cobiça dos menos privilegiados e que tinham pouco dinheiro para comprar os pacotinhos. Abel fazia parte desses especialistas, se dedicava com afinco, ganhava prêmios e fazia negócios que lhe davam dinheiro, e era mestre no bafo.

 A nossa mesada acabava rapidamente, toda gasta com as benditas figurinhas. Então o jeito era implorar aos pais por mais alguns trocados. Sempre mostrava à minha mãe a página da panela de pressão ou do liquidificador tentando convencê-la a investir no negócio. Valia de tudo para ganhar algum prêmio. Normalmente os álbuns tinham como tema o futebol, com fotos dos escudos e jogadores de times e da seleção brasileira. E em época de copa com as seleções dos países participantes. Achar uma figurinha premiada era uma questão de sorte, algumas já davam direito a um prêmio na hora, outras eram fundamentais para completar uma série que daria um prêmio melhor. O prêmio que todos desejavam era uma bicicleta, que até onde sei ninguém nunca ganhou, mas que ficava exposta no local onde se trocavam os prêmios. Os brindes que mais saíam eram bolas de plástico Canarinho, jogos de damas, ludo e dominó. Entrávamos em uma fase de excitação descontrolada, uma espécie de cio, até que o interesse arrefecia, os prêmios disponíveis eram arrematados, as figurinhas premiadas sumiam e nosso ânimo acabava, e aí surgia um novo motivo para despertar a atenção, como raias, piões ou jogos de setas.

 Mas, depois de um tempo, perdi o interesse por esse tipo de coleção, os cromos eram de péssima qualidade, o interesse era tirar o máximo de grana da garotada e cair fora, mas aí descobri os álbuns de cultura geral, não davam prêmios, mas davam o prazer de colecionar, com cromos coloridos em fotos de qualidade, contando estórias e Histórias de personalidades históricas, de animais selvagens, de outros países e de outras culturas, um universo a se descobrir. Cada figurinha contava uma estória, como as estampas Eucalol da música de Xangai, que vinham dentro das embalagens de sabonete. Colecionei muitos álbuns e gostava muito de um sobre animais do planeta que era lindo. Nem sei se ainda existe esse tipo de coleção, mas vejo a confusão na época de Copa do Mundo com adultos e crianças se aglomerando em bancas de revistas para comprar e negociar as figurinhas, do mesmo modo que foi quando eu era menino.

Poucas páginas restam no meu Moleskine, em que estão minhas anotações, então, fui buscar na matéria básica da vida, calor e tesão. Hoje era dia da glória, só para curtir Granada, bela e resistente cidade fundada em 1530, por aí. Andei muito sob o sol infernal, e para inspirar havia muito para ver na cidade. No bar, mais uma vez, música retrô. E não é que vai vindo algo, dos tempos de outras lembranças, sei que é de dentro, uma música do Pink Floyd, puro e delicado como o amigo Anselmo gostava, e eu choro, por ele, por ele lá, por ele aqui e por saber que ele poderia estar aqui, ouvindo a música que é por ele. A ele, todo carinho e toda graça. E ainda estava almoçando, me regalei de lagosta e camarão, num restaurante tão bom que, olhando o ritmo da rua, lembrei do Drummond,

"Um cachorro vai devagar

Eta vida besta."

Bom de ficar, esperar o calor passar, deitar-se na grama, proteger do sol. E ver as sacadas e poucos sobrados dessa cidade. Olhar as modorrentas ruas periféricas que nos ensinam a ir sem pressa, o bom ainda está te esperando. Andei bastante sob o sol, e a noite fui abordado de maneira que não me feriu e nem me fez pedir socorro, mas antes das dez eu cheguei sem problemas no hotel, e fui a pé. Almocei lagostas, peixes, camarões, a comida estava fantástica, tempero thay e o dono ainda colou na mesa e me contou a história da cidade, da região e da Nicarágua, não era novo, mas estudou turismo, e o trabalho de conclusão era sobre o Brasil e as Guianas, foi nos anos 90 e sabe muita coisa sobre nós. Contou que os ônibus da Ticabus são comprados no Brasil, devido à qualidade do serviço e pela customização que é feita a pedido. Grande hidrelétrica está sendo construída por brasileiros para orgulho dos nicaraguenses. São as grandes empresas que fazem isso.

E juro que não sabia nada disso!

LOCALIZAÇÃO

Restaurante El Marlin, De la Iglesia La Catedral 150 mts. este, Calzada, Granada, Nicaragua

— Boa tarde, a refeição estava do seu agrado?
— Sim, maravilhosa! Esse tempero tailandês me surpreendeu.
— Agradeço.
— Você é o chef?
— Oh, não! O meu sócio é o responsável pela cozinha, cuido da administração do restaurante.
— O espaço é muito bonito e o cardápio é muito interessante.
— De onde vens?
— Sou brasileiro, moro em Brasília e estou conhecendo a América Central.
— Difícil encontrar brasileiro passando por aqui.
— Acho que meus conterrâneos preferem ir para Miami.
— Verdade. Por onde você já viajou?
— Parti do Mexico, cruzei por todos os países da Centro América até aqui e vou terminar no Panamá.
— Fantástico, posso sentar-me um pouco com você?
— Claro!
— Olha que coincidência, fiz faculdade de Turismo e meu trabalho de conclusão foi sobre o Brasil e as Guianas, li muito sobre o seu país. E o que está achando sobre o nosso?
— Maravilhoso, geograficamente lindo, pessoas bonitas e gentis, muita coisa para se ver.
— Apesar da miséria.
— Não tão diferente do Brasil.
— Sei, mas o Brasil tem muitos mais recursos que nós.
— Mas penamos dos mesmos males que percebi nesses dias de viagem, pobreza, desemprego, corrupção...

— Verdade. Você é gay?

— Está tão visível assim?

— Oh, nem tanto assim! Mas o nosso radar dificilmente se engana.

— Também senti os sinais.

— São os nossos feromônios, atraem e sinalizam para o masculino.

— Kkkkkk, sempre percebi, mas não analisava biologicamente.

— Como você me vê?

— Como um respeitável gerente de um bom restaurante.

— E sou assim, não é nem um disfarce, mas é minha condição desde a juventude, nem foi por repreensão ou timidez, é de minha personalidade.

— Você é daqui de Granada?

— Não, nasci em Leon, mas morei em Manágua antes de me estabelecer por aqui.

Aqui tenho a distância que necessito para me proteger de meu passado.

— Não entendi.

— A maioria de nós tem histórias e estórias, não é verdade?

— Diria que sim. Vou pedir mais uma cerveja.

— Vou beber uma taça de vinho.

— E então, como é ser gay na Nicarágua?

— Não é um paraíso, como na maioria dos países latinos, e percebo sinais de que a repreensão está se agravando, mas como sempre fui discreto pude viver minha vida sem grandes confrontos ou humilhações, mas ser aceito é outra questão, sempre há sofrimento, até de você para você mesmo. Temos o desejo, o ímpeto que nos impele para satisfazer essa nossa pulsão, às vezes é incontrolável para a maioria de nós, por mais que seja sublimado, sufocado, reprimido, discriminado ou criminalizado, ele vem à tona e nos cega ao perigo. Torna-se a nossa marca, indelével e ao mesmo tempo profunda. Uma predestinação.

— Sinto isso também!

— E os amores, foram correspondidos?

— Alguns, tive boas experiências, mas a má, uma só, sublimou todas as outras, foi o essencial, o meu máximo prazer e a minha mais total decadência. Por essa paixão desci ao mais obscuro de mim, onde não havia nenhuma iluminação, só as trevas que eu não sabia em mim.

— Uau! Marcante assim?

— Sim, eu já era adulto quando aquele garoto apareceu, pouco mais de uma criança. Era o meu aluno na escola em que eu ensinava em Leon, um colégio tradicional para os abastados da região, tudo bem tradicional. Por um adolescente eu esqueci a ética, a moral e rompi todos os códigos sociais que eu respeitava.

— Adolescente?

— Eram outros tempos, pedofilia não era tão tabu como é hoje, na cidade as pessoas confiavam nos professores, e eu era um dos melhores, muitos até suspeitavam de minha condição, mas não me intimidavam, eu sabia como me comportar, dormi com vários deles, que hoje são adultos, heteros, pais de famílias, profissionais, empresários e até políticos, cidadão respeitáveis.

— Sei dessa hipocrisia.

— É o tempo, há a hora de tudo, tem a hora de desfrutar do corpo de outro homem também. A hora deles foi comigo, e suspeito que a maioria desfrutou muito dessas horas.

— E o escolhido?

— Um garoto precoce, impetuoso e incontrolável, extremamente sensual e manipulador, uma personalidade perversa.

— E você percebia isso?

— No início não, quando me dei conta já estava por demais seduzido, percebia tudo, mas não tinha força para resistir. Ele sabia desse poder, exigia e me dominava, cada vez mais, implacavelmente.

— Que tipo de exigência?

— Coisas materiais, apesar de ser de família com recursos, o dinheiro não estava à sua disposição para satisfazer os caprichos. E ele gostava de luxo, marcas caras, de se exibir e ainda, para completar o clichê, começou a usar drogas e beber.

— Quantos anos ele tinha?

— Dezesseis.

— E os pais? Não viam isso acontecendo?

— Não percebiam, como sempre acontece. A sua fonte era eu, e ele ficou cada dia mais sedento, eu tinha que me desdobrar para bancar suas exigências.

— Que loucura! Você esperava futuro numa relação como essa?

— Acreditava que seríamos felizes e investi nisso. Comprei uma casa, sonhava com uma vida a dois, um romantismo estúpido, escolhia as coisas imaginando o que ele iria achar, como ele ia ficar naquela cadeira ou na nossa cama nupcial. Uma idiotice de donzela, me sentia uma esposa.

— Quanto tempo durou tudo isso?

— Quase três anos.

— Ele já não era mais um adolescente.

— Não, ao final era um adulto cruel e amoral.

— E você?

— Ainda mais preso a ele, tornou-se um vício descontrolado, surdo aos alertas que os amigos me davam, eu percebia tudo que acontecia, mas não conseguia reagir. Nem questão de me iludir ele fazia mais, o sexo, quando havia, era como uma esmola que ele me dava, com requintes de humilhação e agressividade.

— Ele te batia?

— Sim, espancava, quebrava meus pertences só pelo prazer de me ver chorar, saqueava minhas economias, fui exposto na cidade por causa dele e perdi meu emprego, não conseguia aulas particulares porque os pais já não confiavam em mim.

— Que horror!

— Decaí muito, tive que me submeter a empregos bem abaixo de minha capacitação somente para sobreviver e mantê-lo.

— E ele?

— Inalterável, fazia as mesmas coisas que sempre fez às minhas custas, eu amava vê-lo bem-vestido, perfumado e sedutor, eu sentia orgulho de ser responsável por isso.

— E ele te traía?

— Sim, sempre havia garotas enrabichadas com ele, mas eu também gostava disso porque achava que acima de tudo ele era meu.

Mas não admitia que ele ficasse com algum gay, ele me garantia que eu era o único.

— E era verdade?

— Eu acreditava, até o dia fatídico.

— O que aconteceu?

— Flagrei a traição, ele estava na nossa casa, no nosso quarto, na nossa cama, sobre nossos lençóis, trepando com um garoto do nosso bairro, um menino como ele era quando o conheci.

— Não!

— E ele era o passivo.

— E você, o que fez, como resistiu a isso?

— Quando me recuperei do susto, tranquei a porta do quarto, fechei todas as janelas, abri o gás na cozinha e acendi um fosforo. A casa explodiu com os dois lá dentro.

— Deus!

— Só assim eu o expurguei de minha vida e ainda recebi um bom seguro que me permitiu ir para a Disney, que era um sonho antigo, reconstruir minha vida em Managua e esquecer dele.

— E não foi incriminado?

— Houve inquérito, mas eu tinha um bom álibi e veio à tona várias histórias dele usando a nossa casa para seus encontros, todos sabiam. Não fizeram questão de me incriminar.

— E você está contando isso para mim.

— Há muito tempo que precisava falar sobre isso, acho que escolhi você para ouvir.

— Agradeço a confiança.

— Vou beber outra taça de vinho, me acompanha?

— Sim, espero não ser a última.

— Eu também!

Dia 24: 26/05/16

Granada, Manágua, San José, La Fortuna

Hoje, cumpri um dos objetivos da minha viagem, fechei todos os países da Centro América, realizei o sonho de conhecer essas culturas, países e pessoas, próximas do Brasil e ao mesmo tempo tão desconhecidos. Estão sendo grandes experiências pro tempo de minha memória e para minha eterna formação.

A Costa Rica é belíssima, além de possuir características bem peculiares, ela não possui forças armadas, confirmei com um taxista, "Não faz falta", ele respondeu. A segurança está a cargo da polícia. A outra curiosidade é a opção pela preservação natural, há mais reservas florestais que em qualquer outro país, além de intenso trabalho de reflorestamento, mais de metade do país está coberto pelo verde. E já se percebe desde que o avião sobrevoa o país. Só vemos o verde intenso das matas. Nessa leitura, reservei na região do vulcão Arenal, um dos destinos populares daqui, escolhi um hotel tipo resort com várias atividades ao ar livre, já optei por canopy (tirolesa sobre as copas das árvores) e uma caminhada até o vulcão e fontes termais. O hotel não é caro, as atividades sim. Mas vale muito a pena, tem estrutura de cinco estrelas, com diárias a partir de 50 dólares com café incluído.

Desde que cursei inglês na quinta série que acho que vou aprender o idioma, até hoje não consegui. Achava o máximo pensar que poderia me expressar em outro idioma, principalmente naquele que os atores de cinema dos filmes que eu assistia falavam, a língua mais importante do planeta, e me dedicava mais do que aulas da Jacira exigiam, ainda fiz o cursinho de inglês do Fernando Dantas, por meio de uma bolsa que ele ofereceu porque estava a fim de um amigo. E de tudo isso ficaram as construções básicas e uns vícios que até hoje persistem. Em Salvador passei alguns semestres claudicantes no ACBEU, a duras penas cheguei no terceiro livro sem nenhum progresso significativo. Nunca me dediquei como deveria e não atentei para algumas regras básicas para aprender outro idioma, sempre bateram na tecla de "se pensar em inglês e não traduzir", é muito mais do que isso, tem que focar e atentar para os maneirismos e pronúncias, não adianta pensar, acumular vocabulário se pronunciar errado e não compreender a dinâmica da língua. Só atentei para isso quando fiz a imersão em Malta, naqueles poucos dias aprendi muito mais que em toda a minha vida, no sentido de entender como funciona o idioma. Se houvesse planejado direito ficaria mais tempo e conseguiria a fluência que desejo.

    Com o espanhol obtive mais sucesso, fiz uma tentativa em Salvador, no Caballeros de Santiago, o curso e o método eram bons, mas não fui muito adiante e o principal motivo eram as aulas de segunda-feira às oito da manhã. Dava a impressão de que era o dia em que as aulas mais importantes aconteciam, e que eu não estava presente porque a ressaca não me deixava acordar. Mas em Brasília fiz da maneira correta, completei o curso no Cervantes e fiz as certificações DELE e até consigo me virar bem, mas preciso estar sempre exercitando para não embotar. Tentei aprender alguma coisa de alemão quando viajei para lá, comprei aquele livro *15 minutos de Alemão*, e não consegui avançar além do alfabeto, como disse o Wagner Moura, é a língua do cão. Mas pretendo insistir.

    Cheguei em San José nove da manhã, havia um *transfer* para o hotel que saiu às oito e o próximo sairia às três e meia, me restava esperar, pagar 160 dólares por um táxi ou ir de ônibus local, fiz essa opção, mas não foi um bom negócio, o custo do ônibus é de cinco dólares, mas paguei 30 de taxi para chegar no terminal, mais 6 para ir de La Fortuna até o hotel. Um pouco mais barato que o *transfer*, mas os 130 km de distância foram percorridos em mais de seis horas, era tipo um pinga-pinga que parava de cem em cem metros para recolher passageiros, e quando estávamos a menos de 40 km da cidade, houve um acidente com duas grandes carretas e a estrada ficou fechada por quase uma hora. Estava exausto, levantei às três e meia da manhã, só havia me alimentado no café da manhã, mas ainda assim deu para aproveitar um pouco, perceber que estou num país belíssimo, de pessoas bonitas, caras saudáveis, com um sotaque meio complicado. As moradias das cidades e das zonas rurais parecem confortáveis e não são tão precárias como nos outros países em que passei. O país é caro, o Cólon, a moeda local é bem desvalorizada, o real vale 159 colones. Por isso deixei para o final, para não ter tanto remorso quando pagar as contas, já rodei tanto que estou meio zonzo, então faço coisas sem pensar. Quando voltar choro aos pés de minha santa protetora, Nossa Senhora do Cartão de Crédito, espero que ela me redima.

Minha experiência com balões resume-se a um passeio num amanhecer da Capadócia na Turquia. Foi parte de um grande passeio que fiz junto com Ademir, Aureni, Adriana, Rosana e Toninho, passamos por várias cidades de alguns países, como Cairo, Petra, Santorini e Mikonos. Na Capadócia nos hospedamos num hotel onde havia quartos que eram escavados na rocha. Tudo lá tem algo de mágico, um espaço de maravilhas. São cenários inusitados, criados naturalmente, cultura ancestral e repleta de história e as pessoas que lá vivem. Nosso passeio iniciou bem cedinho, às cinco da manhã já contemplávamos o enchimento dos balões, dezenas deles, sendo inflados por línguas de fogo que iluminavam a escuridão e deixava adivinhar o colorido que estaria por vir. Parecia uma cena de um filme de fantasia, com dragões e outros seres fantásticos se revelando na noite. Uma penumbra enevoada contribuía para criar esse clima e as chamas que cresciam, inesperadamente, nos faziam sentir num conto de fadas.

E a magia real começou quando sentimos que o cesto do balão nos elevava lentamente e delicadamente no ar, se distanciando do solo sob os primeiros raios do sol que começavam a iluminar a Terra, enchendo o céu de tons arroxeados que aos poucos se convertiam em dourados filamentos revelando o colorido dos balões que nos cercavam e que seguiam juntos na mesma viagem, ao sabor do vento que nos conduzia. Tudo parecia composto por alguma varinha mágica de uma fada feliz. Assim seguimos, envoltos em um astral de cores e de sentidos, em êxtase, fluindo de mansinho, com a respiração contida, com medo de quebrar aquele encanto. Flutuando sobre as chaminés de fada, como são conhecidas as formações características da região. E o sol se mostrou por inteiro, encheu de luz o planeta e era a hora de voltarmos ao solo, ainda embriagados da magia que fomos envolvidos naquela manhã. E, em terra firme, uma taça de champanhe brindou a nossa ventura.

Sei que não é novidade o quanto os celulares estão presentes em nossas vidas, nessa viagem foi crucial para resolver alguns detalhes que apareceram, reservar hotel ou comprar passagens de última hora, comunicação etc. seria complicado sem ele. Agora é vital para muitos seres humanos, uma relação até de dependência. E a percepção é que o uso é democrático, independentemente de cultura, raça, idade, sexo (não falo de particularidades ou idiossincrasias, é só do uso pelo uso), pode ser em Amsterdã, no Cairo, Oaxaca ou no Carrapichel, ao ver uma pessoa com um celular, de longe é como se fosse um comportamento atávico, é como se recuperasse um órgão perdido, um sentido que estava obliterado, e que agora recuperamos o acesso e o domínio. Temos os mesmos gestos, mesmo alheamento, mesma dependência, quase física.

Acho que é, sim, um órgão adjacente que estamos assumindo o controle.

Dia 25: 27/05/16

La Fortuna

  Entendi por que a Costa Rica é um grande destino turístico, em La Fortuna há toda estrutura imaginável para explorar todas as possibilidades de atividades na região, caminhadas, trilhas, observação de pássaros, trilhas a cavalo, montain bike, quadriciclos etc. O turismo é a maior fonte de recursos do país, e eles trabalham com muito profissionalismo. Escolhi fazer uma caminhada no parque do Vulcão Arenal e relaxar em águas termais. O guia era muito bom e explicou como funciona a dinâmica do vulcão, ele é muito ativo e em 1968 houve uma erupção que matou vários camponeses que moravam nas proximidades, ele tem três aberturas por onde saem lava ou vapores, inclusive já formou um novo cume. Mostrou umas fotos de erupções muito impressionantes. No percurso até o vulcão vimos coisas da fauna e flora da região, um bicho preguiça fêmea com seu filhote dormindo no topo de uma árvore, um pássaro que se disfarça de ponta de madeiras para dormir, o tucano de bico verde, formigas corredeiras carnívoras (já vi um documentário assustador dessas formigas, elas comem o que passa na frente delas numa voracidade terrível).

  Nem sei a razão por que me lembrei dos suínos, deve ser porque há sempre cerdo como prato nos cardápios de todos esses países. Os porcos são animais inteligentes e afetuosos, são ótimos animais de estimação, sei disso porque convivi com alguns quando era menino, e era tão fácil se afeiçoar deles. Era costume, à época, criar porcos em chiqueiros construídos nos quintais das casas, engordavam e eram vendidos para abate no matadouro da cidade, uma maneira de ter uma renda extra. Eles chegavam em casa filhotes ainda, e como não amar filhotes? Mas eles cresciam, viravam monstros de várias arrobas e nossos pais nem estavam aí para os nossos afetos, para eles era só comida que eles viam onde nós víamos um amigo. Na hora da despedida era um chororô daqueles. Normalmente meu pai os levava quando estávamos na escola. Os chiqueiros construídos nos quintais das casas fediam, não é por acaso que seus inquilinos são chamados de porcos, junte-se a isso o comportamento atávico de fuçarem a terra até construírem lamaçais, onde se refestelavam e fugiam do calor nordestino. Colaborava também a "lavagem", como é chamada a mistura de restos de comida, farinha e água. A gororoba fermentava e o fedor característico impregnava toda a vizinhança. E nos bairros mais pobres se tornava um cheiro característico. Com o crescimento da cidade, a saúde pública começou a combater essas criações e hoje já não é mais permitido na área urbana. Houve alguns porcos lá em casa que fizeram estória por suas performances, um deles se chamava Toucinho, era como se fosse um cachorro, brincava com a gente, corria em perseguições brincalhonas pelo quintal, ameaçava estranhos e até dormia conosco. Deitava-se no nosso colo e adorava cafuné. Esperava o nosso retorno da escola e demonstrava a felicidade de nos ver nos saudando animadamente. Era uma festa.

Minha mãe, como também era costume na época, lavava as roupas no quintal, à mão, com sabão em pedra em bacias de água. E isso fazia a alegria do porquinho que se divertia horrores com água que era derramada no chão. O problema é que ele gostava de dormir em nossas camas, e depois de bem enlameado era para lá que ele se dirigia para tirar uma soneca. Precisava ver o desespero de mãe quando via o rastro enlameado que seguia para dentro de casa. Já sabia que iria encontrá-lo, e o expulsava, enchendo de desaforos que ele não levava em conta. Ela fazia bloqueios nas portas, mas ele sempre dava um jeito de entrar. Havia alguns amigos nossos que ele não ia com a cara e os perseguia assim que entravam no quintal, precisava ser preso para que os garotos pudessem brincar com a gente. No dia que o levaram foi como se tivesse morrido um membro da família, a criançada chorando inconsolável. E dias depois foi servido carne de porco no almoço e ainda disseram que era a carne dele. Ninguém comeu. Eu passei muitos anos até voltar a comer carne de porco.

Outro que também ficou na memória tinha como característica ser fujão, desde pequenino se recusava à prisão do quintal lá de casa, sempre achava uma brecha para fugir. Eu era o destacado para fazer as buscas e conduzi-lo de volta ao cativeiro. No princípio trazia nos braços e com o tempo tinha que amarrá-lo com uma corda, e ele fazia um escândalo, guinchando como se estivesse sendo assassinado. Já era conhecido por toda a vizinhança que sempre dava informações de onde ele tinha sido visto. Na última aventura ele fugiu com a porca de uma vizinha e constituiu uma família num matagal que ficava no limite do bairro, quando descobrimos já estavam cuidando de uma imensa ninhada de porquinhos. Os adultos se sensibilizaram e decidiram esperar que os porquinhos ficassem mais fortes e fossem levados para casa. Vigiávamos a distância a família, levava comida, sempre alguém passava por lá para vigiá-los, mas tudo acabou mal, os cães da vizinhança devoraram os porquinhos e os pais foram parar no matadouro.

Na van estava um casal de idosos argentinos e dois casais jovens de espanhóis, Madri e Valência, fizemos uma trilha de dois quilômetros até a base do vulcão onde existem rochas vulcânicas de antigas erupções, tem uma vista excelente da região, dá para ver o lago que há próximo daqui, muito bonito. Há rios com águas termais na região e há grandes hotéis ou sopas que montam estruturas imensas de lazer, fui ao Baldi, é imenso, 27 piscinas com águas quente, até 50 graus, jacuzzi gigante, bares, restaurantes, área para crianças, hotel e spa. Muito relaxante, muito frequentado. Saí relaxado, cheguei no hotel e apaguei logo. Uma coisa que tem que estar preparado é para pagar caro, principalmente com o dólar alto, uma lata de cerveja custa seis dólares e uma pasta por volta de 12 dólares. Claro que se pode comprar mais barato nos mercados, mas os hotéis legais ficam afastados do centro do vilarejo.

Antes do passeio fiquei lendo na piscina do hotel e depois de meio dia caiu uma tempestade que cheguei a imaginar que não haveria possibilidade de sair do hotel, mas a chuva parou e quando chegamos do outro lado do vulcão não havia sinal de chuva.

Dia 26: 28/05/16

La Fortuna

 Houve noites em que acordei sobressaltado, assustado e suando como se estivesse sofrendo alguma grande ameaça ou estivesse correndo algum risco. Não me lembro da maioria dos pesadelos que já tive, só daqueles recorrentes, como cair de grande altura, ser esfaqueado ou de estar pelado no meio da rua, mas recordo a sensação de medo que me invadia quando despertava. Teve uma fase particularmente difícil para mim, quando fui atormentado por pesadelos, presenças e sensações que me perturbavam muito. Ainda morava em Bonfim e, nesse período, temia adormecer e perder o controle e ser dominado por algum espírito ou encosto. Sentia a pressão em meu corpo, ouvia sussurros e outros sons. Os conhecedores me diziam que eram obsessores e que eu deveria ter cuidado, pois eles tentariam me dominar e eu acabaria fazendo coisas que não queria, também diziam que eram sinais de mediunidade ou de que eu precisava fazer meu santo no candomblé. Dei para acender velas e entoar orações pedindo proteção aos santos católicos de que havia me afastado. Foram dias assustadores, me sentia frágil e exposto diante de algo insondável. Não relaxava e comecei a ter insônias. E algumas noites me sentia como se a rodovia passasse ao lado de minha cama, ouvindo os barulhos dos carros e caminhões que trafegavam por ela. Sentia que havia pessoas dentro do quarto me observando. Tudo foi ficando muito assustador.

 Numa dessas noites, ao retornar para casa, estava atravessando a Praça Nova, quando tive a impressão de que as árvores estavam se voltando sobre mim, sussurrando vozes de muitas pessoas ao mesmo tempo, e que tentavam me segurar, desesperado corri o quanto pude e fiquei um tempo evitando passar pela praça, a qualquer hora do dia. Então senti que precisava me fortalecer para criar um escudo protetor que me protegesse desses assédios. Comecei a dizer a mim mesmo que eu não temia nada, que era forte e invencível e que nada teria controle sobre mim. Aos poucos foram cessando essas manifestações até sumirem completamente. Disseram-me que tentaram me dominar, mas que eu tinha o corpo fechado por isso consegui resistir. De qualquer maneira, aceitei os conselhos e tomei uns banhos de folhas e acendi mais algumas velas.

    Nada como uma insanidade momentânea para agitar o dia, e tive o meu dia de loucura hoje, quando contratei o canopy achei que era uma tirolesa um pouco mais extensa, nunca gostei desse tipo de brincadeira, mas pensei, já que estou aqui e é o que fazem, não me custa aproveitar, que mal tem? Ledo engano, era muito mais que uma tirolesa. Ao chegar na base há uma equipe de recepção que nos paramenta todos, um monte de fitas, mosquetões, cabos, luvas e capacetes nos preparam pro evento, assim todos amarrados temos uns cinco minutos de treinamento, em que nos transmitem que há segurança absoluta no evento, logo depois, uma descida de dez metros para saber como fazer, então estamos aptos a encarar o canopy. Uma mulher desistiu e em seu lugar veio um garotinho de uns cinco anos. Havia dois grupos grandes, um de uma mesma família que falava espanhol, e um grupo de negras estadunidenses, imensas, animadas e desbocadas, faziam piadas, cantavam os guias, estavam curtindo mesmo. E depois, no meio do percurso encontrei três brasileiras que moram nos EUA e que estavam de férias por aqui, elas alugaram um carro e amanhã seguem para o litoral. Bem divertidas e corajosas, aproveitando muito o canopy. Um caminhão tipo pau de arara nos levou encosta acima no vulcão, e ainda subimos uma trilha imensa e ainda uma escada até a primeira plataforma, só aí percebi onde havia me metido, e já era tarde, estava deslizando num cabo de aço a cem metros de altura, sobre árvores gigantescas, na encosta de um vulcão ativo. Ao todo quatro quilômetros por dez plataformas e um Tarzan Swing, que deve ser a coisa mais próxima de um suicídio que espero passar na vida. Seguro pelos cabos você dá um passo para o nada e cai de 50 metros de altura, como uma gangorra, num movimento pendular de longo alcance, rezando que a gravidade te pare, mas os guias intervêm para cessar o movimento, o que me parou quase perdeu o dedo nos cabos que me prendiam.

    Tremendo todo, mas estimulado pela adrenalina e pela coragem dos outros consegui descer por mais cinco cabos até o solo. Só então me dei conta do que fiz, estava um trapo, suando e tremendo. Se perguntarem se gostei, respondo que nem cheguei a pensar, só queria que terminasse, não relaxei um instante. Enfim, fiz e espero nunca mais repetir isso (só se for para escapar de um incêndio). Então foi suficiente para o meu dia, resolvi parar na estrada para comer nuns restaurantes que servem tilápia frita, muito bom, e muito mais barato que o hotel. Voltei andando e ainda deu para comprar, num supermercado, cinco latas de cerveja e um saco de gelo pelo preço de uma no hotel. Então fui para a piscina, escrevi este texto, enquanto bebia as latinhas.

Amanhã reta final em Panamá.

Dia 27: 29/05/16

La Fortuna, San José e Cidade de Panamá

O retorno a San José fiz por outro caminho. Agora em duas horas e meia, confortavelmente, o que me deu a certeza de que a minha opção no dia da chegada foi uma roubada. Contratei o traslado a partir do hotel, foi muito pontual e o motorista muito gentil, ainda nos mostrou a famosa rana roja, uma minúscula rãzinha vermelha com as pernas negras, que possui um poderosíssimo veneno neurotóxico, extremamente letal, estavam em folhas úmidas na margem da estrada.

Nessa via as pontes só dão acesso a um veículo por vez, é uma rota turística e há muita atividade na região, como ciclistas, motos, excursões turísticas. A região é linda, muito verde, florestas, rios e montanhas. Isso reflete nos seres humanos, percebe-se que todos estão mais tranquilos, sorridentes e relaxados, acho que é a imersão na natureza, melhora até a disposição, digo por mim que tenho uma preguiça ancestral e ontem não me incomodei de almoçar na estrada e voltar andando para o hotel, fui enganado por uma placa que dizia que ele estava a um quilômetro, mas acho que andei uns três e com ladeira, cheguei molhado de suor, mas sem traumas, deu mais prazer relaxar na piscina. Lá estava um casal que já havia observado no restaurante, muito bonitos, parecem recém-casados, ele bem alto com a pele azeitonada e ela mais para negra, depois percebi que eles devem ser árabes, mulçumanos, pela maneira que não se expõe, ele tomava banho de camisa, e ela completamente vestida, mas eram muitos educados e discretos, ao contrário de uma turba de idosos estadunidenses, muito barulhentos e tagarelas, e há alguns sotaques que são insuportáveis.

Achei chique um casal que vem para observar aves, com câmeras e binóculos, livros de ornitologia, tablets, passam o dia registrando os pássaros que veem. Nesses grupos há um rol de marcas que todos usam, Colúmbia, The North Face, Quéchua, Jack Wolfskin, mochilas Deuter, Gregory, Alpine Lowepro, são garantias de qualidade, que resistem ao tranco, não é o caso da minha calça Colúmbia adquirida por um quarto do preço no AliExpress e, se não fosse o kit de costura que ganhei num hotel, estaria toda descosturada. Esse kit veio com a melhor agulha que já usei, ela tem o buraco bem maior numa cabeça dourada, que facilita muito passar a linha, coisa de inteligente.

    Havia muita gente embarcando, a fila de imigração era gigantesca, saem muitos voos para os EUA, parece que a Costa Rica é um destino deles.

    Cheguei no Panamá sob chuva, para variar, então preferi ficar no hotel e amanhã vou dar uma volta na cidade. São os últimos dias de viagem, preciso relaxar.

Dia 28: 30/05/16

Cidade do Panamá

Há um tempo que passei pela Cidade do Panamá, estava voltando de Cuba, e incluí uma escala de um dia para conhecer o canal e, fora isso, as recordações não foram das melhores, no dia que cheguei chovia muito (hoje sei que chove sempre por aqui), e no aeroporto eles oferecem tours bate e volta para ir até Miraflores. O aeroporto de Tocumen é um hub, e muitas vezes há conexões que demoram muito tempo, então aproveita-se para ir lá e também pra fazer compras. A van me deixou em um *mall* para consumir e só depois é que foi até o Canal, foi interessante conhecer essa obra da engenharia mundial e toda a história envolvida, na volta pedi para me deixar próximo do hotel onde iria me hospedar, desci no calçadão da baía e atravessei uma passarela com a maior chuva, eram seis da tarde, as ruas estavam inundadas e muita gente se protegendo da chuva embaixo de marquises, eu com duas mochilas tentando parar um táxi, sem sucesso. Caminhei um tempão até achar o hotel, todo ensopado e cansado. Só consegui jantar e apagar, no outro dia saí cedo pro aeroporto.

    Hoje percebi que naquele dia vi quase tudo da cidade, ela é pequena, o país inteiro tem três milhões de habitantes. Há área moderna, com imensos e diferentes arranha-céus (aqui o nome em espanhol, rascacielos, faz mais jus), e adjacente a essa área há o gueto, formado por prédios tipo conjunto habitacional numa região muito descuidada, ruas sujas, prédios malcuidados com roupas estendidas nas janelas e varandas, mais adiante está a área antiga da cidade, o Casco Antigo, tudo muito próximo. Usei o metrô, pois estou no Cangrejo, uma área mais no centro, mas não tão distante da baía, saltei no final e fui andando pelo calçadão até onde há a concentração de edifícios, um ótimo passeio, o dia estava ensolarado e ótimo para aproveitar o mar e a cidade. No final do percurso fiz um tour no ônibus do *seightseeing*, aqui só tem seis paradas e duas são shoppings. Uma fica numa ilha e há uma visão fantástica do Skyline da cidade, o outro é o Albrock, um mastodonte considerado o maior centro comercial da América Latina, muitas tentações de consumo, ainda não sei se seguro a onda sobre uma compra. Até amanhã decido. Ainda posso usar o serviço amanhã, então deixei o Casco Antigo para depois.

Vi o cartaz de Julieta, o novo filme de Almodóvar, pensei que estava em cartaz, mas é só propaganda, sei que o Almodóvar se inspirou em textos da Alice Munro, Nobel de literatura de 2013, li um trabalho dela e gostei muito, Almodóvar é genial, e deve ser mais um grande trabalho dele.

O grande herói da cidade é Vasco Balboa, o explorador espanhol que descobriu o Pacífico e chegou a ter informação dos Incas, há um belo monumento em sua homenagem em frente à baía. Sempre acho que estou vendo o Atlântico, mas é o Pacífico que está nos meus olhos, para ver o Atlântico teria que ir ao outro lado do canal em Cólon.

No início da noite acompanhei o discurso de Dilma na UNB, bem direto e contundente, no ponto, sem dúvidas sobre o golpe e a traição à nação, a opção pela elite e da exclusão dos pobres. A ilegitimidade explícita de usurpadores que nunca estariam onde estão se fossem submetidos ao processo democrático, com respaldo das urnas. Deu um frio na barriga ao pensar que ao voltar pra casa, terei todos os dias que acordar com isso, será o meu dia a dia. Tenho que me envolver e me inspirar na turma de Brasília que não deixa a peteca cair e reforçam que tem luta sim, e eu quero estar nessas lutas!

Dia 29: 31/05/16

Cidade do Panamá

    Praticamente o último dia de viagem, para terminar deixei para conhecer o Casco Antiguo hoje, é a região histórica da cidade com muitas referências sobre a colonização e formação da cidade. Fui andando até o Multicentro, de onde partem os ônibus de turismo, confirmei que a cidade é muito pequena mesmo, olhando no mapa parece distante, a pé são pouco mais de dois quilômetros que fiz em uns 20 minutos. No caminho passei pelo Ministério das Finanças e vi muita gente vestida como africanos ou indígenas, não sei, tudo muito estampado e colorido.

    Peguei o ônibus que saiu às 11 e cheguei no Casco Antiguo pouco depois do meio-dia. A região é muito bonita, há um casario original, muitos feitos de madeira, mas dá para ver que está em pleno processo de revitalização, com incremento de turismo, policiamento muito ostensivo, os casarões servindo de restaurantes e mercados de artesanatos, mas ainda se percebe que a região deve ser centro de prostituição e drogas pela cara dos moradores. Na área mais recuperada, nas cercanias da Catedral, a ocupação turística já está bem evidente, como quando o Pelourinho foi revitalizado. Andei um pouco pela área e saí dessa zona, para a região mais próxima da área do gueto, e aí a configuração muda, mais com cara da gente que deve habitar o lugar, cara de pobreza e carência de serviços, mas é um dos comércios mais originais que já vi, tipo o da Bolívia, vende-se de tudo, tudo mesmo e mais um pouco se quiser negociar, e não fica restrito a lojas ou prateleiras, avança pelas calçadas e invade as ruas, em barracas que tampam a luz do sol e formam labirintos nas ladeiras, mal deixando lugar para os clientes circularem, e aí você divide o espaço com panelas, chapéus de palha, selas de cavalos, fitas cassetes, roupas étnicas etc.

    Em nenhum momento me senti em risco e ainda desci na ladeira certa, que dá em frente ao Mercado de Marisco, acredito que quando escurece a configuração é outra. Escolhi almoçar no mercado, apesar do cheiro que há quando você passa por trás e vê a disputa inusitada de urubus e pelicanos pelas sobras. São vários restaurantes que servem frutos do mar, no molde daqueles que existem no Rio Vermelho ou Itapoã em Salvador, sentei-me num deles, pedi um ceviche misto que estava ótimo. Eles servem os ceviches de vários tipos e tamanhos, normalmente como entradas. Depois comi uns langostinhos, um tipo de camarão grande, servidos com um arroz feito com leite de coco, estava muito bom e, importante também, barato! Havia dois chineses que gostaram tanto da pimenta que negociaram a compra de umas garrafas de meio litro, correndo o risco de aquilo estourar no meio do caminho. Depois do almoço, voltei ao hotel, relaxar que amanhã volto ao Brasil.

Observei que as propagandas aqui são como no Brasil, não têm a cara do povo, a não ser em campanhas educativas ou de saúde, as de produtos em geral, os modelos são europeizados, e nessas regiões em que os traços indígenas são muito marcantes fica mais realçado, sem falar nas propagandas de jeans, em que as garotas ficam de costas com a bunda arrebitada, e com um editor que faz parecer que tem duas bolas infladas dentro das calças. E ainda pior são as apresentadoras dos programas de TV, todas louras, piranhudas em programas bregas e de mau gosto, os homens fazem o tipo galã latino, ou caricatos, tudo over e muito ruim de ver.

E de longe ouço falar de mais uma especialização nossa, do Brasil. O que significa escola sem partido? Nunca ouvi falar que orientação partidária fizesse parte do currículo. Querem amordaçar os professores? Sempre gostei dos professores que expressavam suas ideologias, direita ou esquerda, sem doutrinamento. Isso me ensinou a pensar, a criar meus conceitos, me ajudou nas trilhas que venho seguindo desde que fui alfabetizado. E não gostava daqueles professores que ficavam em cima do muro, sem personalidade, sem estofo para dividir com os alunos. Será que se formam cidadãos apolíticos? Sem corpo para intervir e exigir sua participação social, influenciar as decisões do país onde vive? Serão cidadãos com a complexidade necessária para manter o campo democrático? Ou tudo isso deve ser perdido para impedir que os garotos se revelem?

É o temor que aconteça de a criança cair na jaula do gorila, mas se se cuida e educa, eles vão estar ao seu lado, não nas mãos da fera.

LOCALIZAÇÃO

Bar e Choperia Skina Real — SHCN Comércio Local Norte 210–BL B — Brasília, DF

— E tua viagem, como foi?
— Muito boa, deu tudo certo e o artista morre no final.
— Como? Não entendi...
— É uma brincadeira, uma piada minha.
— Que artista? Quem morreu?
— O artista é o personagem principal do filme, o mocinho. Era como a garotada de minha infância identificava os heróis dos bangue-bangues ou caratês que assistíamos nas matinês de domingo no Cine São José e o engraçado é que mesmo que a sessão fosse no final da tarde, era matinê. O artista era o cara que dizimava todos os índios do oeste estadunidense sem recarregar o revólver ou o lutador solitário que enfrentava centenas de inimigos na China e vencia a todos com a precisão dos seus golpes, usando somente as mãos e os pés; de vez em quando até usavam umas armas estranhas com habilidade inumana.
— Ah, tá!
— Quando terminava a sessão, todos saíam excitadíssimos comentando o que haviam visto, imitando os tiroteios, os golpes, as lutas e as mortes do filme, mas tudo perdia a graça se o artista morresse no final.
— Continuo sem entender.
— Não tem importância, foi só uma expressão que me veio à memória para responder a tua pergunta, não altera o meu roteiro.
— Ah, sim... Mas como foi a viagem?
— Minha viagem, na minha cabeça, também foi feita de lutas, tiroteios e golpes feitos com mãos, pés e armas estranhas, como nas matinês do Cine São José, e eu era o artista, o solitário artista cruzando a América Central. Muitos cenários e personagens pelo caminho,

tudo meio canastrão como num filme meio vagabundo, meio cult, meio *on the road,* mas que no final foi real, ao menos para o artista. Foram tantos quilômetros rodados em todos os tipos de transportes que pude usar, muitas cidades, camas, banheiros e trilhas por onde passei nesses países todos.

— Parece que foi bem interessante, há muitos lugares que gostaria de conhecer e que você deve ter passado, principalmente no México e na Costa Rica, há praias incríveis por lá; mas me conta, finalmente, conheceu Tegucigalpa?

— Passei por lá e foi ao mesmo tempo frustrante e recompensador. Você sabe como o nome dessa cidade me instigava e finalmente cheguei lá, o que me esperava era uma cidade sem graça, muito pouco a se ver e nenhum calor humano que me afetasse ou fizesse eu ter empatia. Tinha tantas expectativas, como se fosse encontrar um lugar mágico, cheio de sonhos a se sonhar, aventuras a se viver e memórias a serem guardadas com a revelação afinal do mistério de minha vida, kkkkkk.

— Recordo-me bem, você me contava sobre isso e até me despertou interesse em saber mais sobre ela.

— Verdade, para mim tinha alguma coisa de Pasárgada, Shangri-La, ou melhor, El Dorado, é mais bem colocado. Enfim, um lugar mágico. O nome quer dizer Montanha de Prata num dialeto local, e lá cheguei a partir dessa montanha, majestosa. Vinha por uma estrada assustadora, devido à altura que sobe serpenteando por quilômetros, mas frustrante diante de minha expectativa, não havia atrações que provocassem ânimo. Fiquei na parte antiga da cidade, não tinha quase nada para se ver, porém na parte moderna havia mais movimento, riqueza, era mais cosmopolita, igual ao cosmopolitismo que existe em qualquer capital de qualquer país no mundo, ricos ou pobres se igualam nisso, acho que é a realização maior do liberalismo, a área moderna da capital, construída em concreto, aço e vidro, com seus shoppings, restaurantes internacionais e pessoas se vestindo como se estivessem em Londres ou New York. Talvez eu tenha me demorado pouco e não houve tempo de entrar no espírito da cidade.

— Quantos dias?

— Duas noites.

— Pode ter sido pouco mesmo.

— Há cidades em que uma tarde já desperta tantas sensações que parece uma eternidade e que dá vontade de lá ficar, como senti em Granada, na Nicarágua. Em Granada, o espírito procurado e o que esperava sentir em Tegucigalpa chegou a baixar. Sabe como é sentir isso?

— Não sou tão viajado para afirmar isso ou ter passado por essa sensação.

— Não foi uma ofensa.

— Não ofendeu, você sabe qual é minha *vibe*.

— Anram! Sei?

— Tenho certeza.

— Não tenho mais certeza sobre o que sei de você.

— Ironia? Você sabe o que quero dizer. Conta mais da viagem. Conheceu muita gente?

— Algumas pessoas, os contatos usuais nesse tipo de viagem, tudo de passagem, diálogos esparsos, caminhos que se cruzam e se distanciam para nunca mais. Agora é um caleidoscópio de rostos, lugares, palavras e imagens, como num filme confuso. Ainda não destilei todas as sensações, estou em processamento desses dias que passaram.

— Nem consigo imaginar, mas sei que isso é muito bom, sinto isso por você. Essa era uma viagem que me caberia fazer se eu pensasse como você, infelizmente você não me contagiou a ponto de eu abandonar o conforto cosmopolita. Conta mais.

— E Paris? Kkkkkk, nem pensar!

— Por favor, não sacaneia, você sabe de minhas preferências de viagens.

— Sei mesmo?

— Sabe sim, tenho certeza. Conversamos muitas vezes, lembra-se? Até meu pai é teu fã, ele adora ouvir e ler os teus relatos de viagens.

— Também sou fã dele.

— Ele sempre pergunta por ti, insinua, querendo saber notícias tuas, sinto que ele torce para que eu volte a ficar contigo.

— Não assumiu para ele?

— Ainda não, não creio que ele espere por isso de mim, ele intui o que ocorre comigo e entendo que ele prefira ficar no indizível, é mais confortável para ele. Com minha mãe é diferente, ela sabe de tudo, dá palpite e vive minhas emoções. Acho que sou a melhor tradução do que ela queria para ela.

— Entendo, também concordo com você, sei que você administra bem essa situação.

— Você publicou seus relatos no Face?

— Sim.

— Não acompanhei, não consigo mais administrar o Face, estou concentrado em outros canais. Vou avisar a meu pai, para ele ler.

— Entendo. Escrever esses diários é um exercício que gosto de praticar. Dessa vez senti isso muito fortemente por conta da intensidade dos dias, esses registros me permitem acessá-los sem falsear a memória e podem até me ajudar quando a senilidade chegar, exercício de memória, quem sabe?

Encontrei figuras incríveis, de aventureiros em trânsito, casais gays, heteros estranhos, viúvos, viúvas e até um assassino passional.

— Quem?

— Na Nicarágua, tive um diálogo incrível com um cara que matou o namorado, uma história meio impressionante, mas que acontece muito com gays. Para ele foi a solução para acabar com uma reação abusiva.

— E ele te confessou isso? Qual a razão?

— Acho que ele precisava verbalizar tudo aqui, confiou em mim, percebeu que eu era transitório e saberia ouvi-lo.

— Tem certeza de que não imaginou isso tudo?

— Claro que não! Não criei nada e nem estou delirando. Ele se confessou comigo. O que você está querendo insinuar?

— Eu? Nada. Não está mais aqui quem falou. Calma!

— Eu sei o que você está querendo dizer...

— Não leve a mal, às vezes... Você sabe. Mistura a realidade com a fantasia, um pouco disso.

— Não tem mais acontecido, fiz terapia, fui medicado e ainda sou. Embarquei nessa viagem até por essa razão, viver a realidade, encarar o mundo sozinho sem os artifícios e enganos que sempre usei. Não vou fingir que não aconteceram os meus delírios que te envolviam. Agora, mais distante, posso imaginar o dano que poderia ter te causado.

— Ok, tudo bem. Vamos esquecer isso.

— É verdade, eu poderia ter te machucado física e psicologicamente, minhas visões eram reais, eu via e sentia tudo aquilo e algumas vezes sentia que precisava me defender fisicamente ou te agredir violentamente. Você e o outro que eu acreditava estarem sacaneando comigo.

— Não acho que precisamos reviver isso. Você procurou ajuda e isso pra mim já foi um grande alívio.

— Tudo bem, não é coisa que precisamos discutir por isso. Fale de você, continua militando muito?

— Militando? Eu? Só se for por *matches* no *Tinder* e biscoitos no *Grindr*.

— Nossa, me contaram que você estava forte no PSOL.

— Eu? Não tenho nenhuma paciência para esse pessoal radical, projeto de revolucionários.

— E eu animado, orgulhoso porque você estava fazendo carreira na esquerda, lutando por Grandes Causas.

— Você sabe que nunca me interessei por essas teorias, autores, livros e projetos com os quais você vivia enfronhado. Tedioso, e não muda o mundo. Só serve para juntar um monte de gente malvestida e de papo chato. Os da direita ao menos são mais chiques, frequentam restaurantes e *points* da hora e viajam para lugares badalados. Esse povo da esquerda só vai querer ir pra Cuba ou Venezuela. Para falar a verdade, nem me lembro em quem votei na última eleição.

— Não está falando sério!

— Claro que estou, em compensação, tenho certeza de que já mapeei todas as zonas eleitorais da cidade nos meus aplicativos de namoro.

E você? Pegou alguém na viagem, uns paus latinos?

— Tiveram ocorrências,

— Massa, quero detalhes.

— Não vai ter!

— Chato! Nunca tive paciência com tua monogamia. Até parece que teu passado de piranha acabou quando me conheceu, e aí eu virei a puta, e tu, o que esperava com vinho e queijos em casa.

— Eu?

— Sei de teu passado, mas sinto que no teu tempo comigo, você tinha pretensões monogâmicas e de fidelidade. Um casamentozinho burguês, tipo família feliz, adotar um pet ou até mesmo uma criança.

— Nunca pensei nisso, lembras que te estimulava a ter uma relação aberta?

— Esses sinais não eram tão claros para mim.

— Lembra do cara dos camelos?

— De quem?

— Num jantar, ele te cantou na minha frente, perguntando quantos camelos tu valias. E eu dei corda.

— Não me recordo. Lembro de estória parecida que aconteceu com uma amiga nossa que viajou para o Cairo...

— Sim, lembro, a Wanessa. Mas aconteceu com você também, tenho certeza.

— É, pode ter ocorrido, teus amigos eram todos filasdaputa. Davam em cima de todo mundo. Acho que peguei todos eles.

— Não precisa lembrar-me disso.

— Não é você que disse que não era monogâmico?

— Acho meio deselegante esse tipo de comentário

— Tá, convivo bem com o real, hoje mesmo eu ganhei um fora de presente do boy.

— Então veio me ver...

— Não foi por isso, você problematiza tudo; se soubesse como meus *crushes* me mimam não tirava onda comigo. Queria que ele te conhecesse, vai fazer um mochilão e tu poderias dar umas dicas para ele, marquei para ele vir e no último minuto ele inventou um compromisso.

— Sei sim, faço parte do séquito, sempre te mimei. Agora vejo por que você está me tratando assim, agora sou irrelevante, invisível e desnecessário. Você já teve os "mimos" que queria.

— Você é diferente, me ensinou tantas coisas. O mundo que você mostrou fará parte de minha vida sempre. Não sou interesseiro, o que recebi de você foi por conta de tua própria vaidade, não é mesmo?

— Mas parece que você só absorveu a minha parte vagabunda de existir, não levou a sério um certo mundo do qual eu queria que você fizesse parte.

— Exagerado. A tua cultura faz parte de meus dias, quando ouço alguma informação que não tenho já sei os caminhos que devo seguir para achar as respostas e foi você que me ensinou isso. Não sabe como isso faz diferença no meu trabalho. Consigo muitos contratos fingindo que sei um quinto do que tu sabes realmente.

— Isso é assustador!

— É como gira a roda. Não é assim que funciona?

— Pior que é verdade, a simulação domina os nossos meios. Tá trabalhando onde?

— Abri uma representação da empresa de meu pai aqui. Ele está expandindo os seus negócios, percebi que era bobagem fazer a linha rebelde. Tenho a experiência necessária para tocar as coisas, ganhar um bom trocado e ainda estou aprendendo muito, estou confiante, já tenho bons resultados.

— Legal, você sempre foi um bom aluno e é muito criativo.

— E ainda dá pra arranjar uns *crushes*.

— Acho terrível misturar trabalho com putaria.

— Que nada! As pessoas são safadas, mandam os sinais, há até um pai de um funcionário, que é muito gato, sempre dou umas entradas e acho que já está a ponto de rolar.

— Pirou?

— Kkkkkk. Vai que cola.

— Nossa, você está muito amoral. Lembro de você mais sutil, quase tímido como a maioria dos garotos que chegam a uma grande cidade.

— Acho que sempre fui safado. Estou só aprendendo a soltar os freios, a máscara de timidez é muito útil para algumas conquistas, o tempo vai nos ensinando a usá-la e, quando necessário, mostra a verdadeira face. E você?

— Eu o quê?

— Ainda tem pudores? Você gostava de ser cínico, sexualizado, promíscuo, esse tipo de coisa.

— Eu? Nem sei mais o que é isso. Acho que satisfiz essas necessidades, não preciso de coisas intensas, quero só o prazer calmo. A tranquilidade dos afetos.

— Que lindo, soa bem poético.

— Mas é muito verdadeiro isso que estou te dizendo, acho que esse meu caminho pela América Central foi como um Caminho de Santiago, tive muito tempo para refletir, lembrar-me da infância, de tantos fatos e estórias minhas e dos outros, coisas que me saciaram ou que me mataram, tantas vezes que morri e as tantas que ressuscitei. Essa jornada eu fiz com pouco peso e pouco peso também eu trouxe, fiquei leve, muito leve e, enfim, cheguei em Tegucigalpa e o artista morreu. Agora devo fazer como um parente de meu avô que tinha uma criação de ovelhas, quando elas estavam com muita lã era necessário tosquiar, ele fazia tudo sozinho, eram alguns dias de trabalho, mesmo sendo possível contar com a ajuda de um mutirão de roceiros vizinhos. Para ele aquele esforço era como um ritual de purificação, era o que o preparava para um novo ciclo, de onde provinha a renda para pagar as despesas e alimentar a família; seu rebanho também ficava pronto para o verão e ele renovava toda a sua energia, era o que dizia.

— Vixe! Dá para virar guru com esse papo haribô, fazer reunião, palestras, livros, workshops, drogas e sexo sem compromisso com os adeptos. Gostaria de estar envolvido...

— Proposta para iniciar uma nova seita?

— Foi feita.

— Minha vocação messiânica também ficou em algum ponto desse caminho que fiz. O que se abriu foram novos caminhos a trilhar.

— E agora? Vai para onde?

— Para casa! Construir meu casulo e hibernar.

— Vai voltar como uma borboleta na primavera?

— KKKKKK. Não é para tanto, estou mais para sair do casulo como uma ursa gorda que comeu os filhotes na hibernação, mas sinto que criar meu casulo será a estrutura que necessito para me proteger de mim mesmo e também para me fortalecer e não iniciar ciclos desnecessários como sempre fiz.

— Acho que isso pode ser bom, muito bom mesmo para você.
— Sei que sim. Já está tarde, preciso ir.
— Posso ir com você?
— Como?
— Não está mais preparado para sexo sem compromisso?
— O que é isso? Está me cantando?
— Se soa assim...
— É por que o boy não veio e você não quer perder a viagem?
— Claro que não. Ainda rola tesão entre nós, sinto isso.
— Não tenha tanta certeza, mas acho que podemos tomar um vinho para terminar a noite.
— Então vamos.